Die schönsten Plätze in
Österreich

Die schönsten Plätze in Österreich

Mit Beiträgen von
Reinhard Kriechbaum, Dagmar Becker-Göthel, Ulrike Nikel,
Bernhard M. Edlmann und Stefanie Brösigke

rosenheimer

Abwechslungsreiche Reise durch Österreich

Ein Vorwort

Land der Berge, Land am Strome, Land der Äcker, Land der Dome... Die ersten Zeilen der österreichischen Nationalhymne könnten als Motto dienen für die abwechslungsreiche Reise, zur der wir uns hier aufmachen. Denn wer die „schönsten Plätze in Österreich" sucht, der wird genau die Elemente finden, die hier anklingen.

Natürlich wird das Land ganz besonders von seinen Bergen geprägt: von den hohen, felsigen, vergletscherten Gipfeln, von weiten Almflächen – wie wir sie etwa in der Tauernregion mit dem größten Nationalpark der Alpen finden. Aber es gibt auch die oft gar nicht allzu hohen, aber umso faszinierenderen Aussichtswarten an einem beherrschenden Punkt im Gelände, manchmal von einer Burg bekrönt wie von der Riegersburg in der Steiermark.

Es hat sicher seinen guten Sinn, dass der Donauwalzer manchen als die heimliche Nationalhymne gilt. Die Donau war immer schon Österreichs Lebensader. Als Verkehrsweg – und immer mehr auch für den Tourismus. Die landschaftlichen Leckerbissen, wie die weltbekannte Wachau oder der Strudengau, tragen genauso dazu bei wie die kulturellen Sehenswürdigkeiten, die sich an ihr wie an einer Perlenschnur aufreihen.

Und wenn wir schon beim Wasser sind, dürfen wir in Österreich natürlich auch die Seen nicht vergessen. In jeder Region haben sie ihr eigenes Gesicht: Ob es nun die Kärntner Seen sind oder die des Salzkammergutes, die wiederum einen völlig anderen Charakter haben als der Neusiedler See, einer der wenigen Steppenseen, die es in Europa gibt.

Land der Äcker, Land der Dome: Wir befinden uns auf uraltem Kulturboden. Vor Jahrtausenden lebten schon Menschen in manchen schwer zugänglichen Bergregionen, später haben die Kelten und Römer das Gesicht des Landes geprägt. Rührige Museumspädagogen und Tourismusmanager haben sich in den letzten Jahren so einiges ausgedacht, was Geschichte wieder lebendig macht. In mancher alten Burg kann man heute das Leben der mittelalterlichen Ritter kennenlernen, und die österreichischen Museen haben gar nicht mehr viel „Museales" an sich. Weil wir unseren Slogan „Die schönsten Plätze" sehr weit gefasst haben, wurde bei unserer Auswahl auch das berücksichtigt.

Wenn wir nun zu den Kirchen übergehen: Nicht nur die Dome sind Plätze, an denen man gewesen sein muss. Auch abseits der großen Zentren darf man sich über solche Farbtupfer freuen wie etwa die von Friedensreich Hundertwasser gestaltete St-Barbara-Kirche im steirischen Bärnbach. Und auf gar keinen Fall dürfen wir die Klöster vergessen, die für die Kultur im Lande eine so wichtige Rolle gespielt haben. Deswegen tun wir in ein paar Fällen einen Blick hinter die Klostermauern – und entdecken auch dort sehr viel Frisches und Lebendiges.

Jetzt wünschen wir Ihnen viel Freude bei unserer Reise durch Österreich – vielleicht ist sie ja für Sie eine Anregung für die eine oder andere eigene Reise in nächster Zeit!

Ed

INHALT

OBERÖSTERREICH

1. *Zweiter Blick erwünscht*
   Sehenswerte Kulturhauptstadt Linz 8

2. *Pilgerfahrt zu Bruckner*
   Stift St. Florian 10

3. *Radlers Paradies im Strudengau*
   Grein an der Donau 12

4. *Ort mit vielen Gesichtern*
   „Christkindl-Stadt" Steyr 14

5. *Filmreife Landschaft,
   filmreife Geschichten*
   Gmunden am Traunsee 16

6. *Alte K.-u.-k.-Herrlichkeit*
   Bad Ischl 18

7. *Wo liegt der „Mann im Salz"?*
   Salzwelten Hallstatt 20

8. *Ein Ort für Pilger
   und Träumer*
   Rund um den Wolfgangsee 22

9. *Ein Geschenk des Himmels*
   Der Mondsee im Salzkammergut 24

NIEDERÖSTERREICH

10. *Geschichte auf der Bärenhaut*
    Stift Zwettl 26

11. *Die Wiege Österreichs*
    In und um St. Pölten 28

12. *Himmelsnah und erdverbunden*
    Stift Göttweig in der Wachau 30

13. *Die „Krone" Österreichs*
    Stift Klosterneuburg 32

14. *Frischer Wind in alten Mauern*
    Stift Heiligenkreuz 34

15. *Richtig wahr, was Schönes*
    Der Semmering und seine Bahn 36

16. *Von Gämsen in Angst
    nur erklettert*
    Am Schneeberg 38

17. *Im Barockhimmel*
    Stift Melk 40

18. *Gottes Fingerzeig
    und Königs Kerker*
    Dürnstein in der Wachau 42

WIEN

19. *Wien, Wien, nur du allein*
    Hauptstadt voller Geschichten 44

BURGENLAND

20. *Besuch bei Meister Haydn*
    Schloss Esterházy in Eisenstadt 52

21. *Ein Hauch von Puszta*
    Der Neusiedler See 54

STEIERMARK

22. *Bei Österreichs Patronin*
    Mariazell 56

23. *Viel Kultur pro Quadratmeter*
    Die Grazer Altstadt 58

24. *Spiegelbild des Universums*
    Schloss Eggenberg 60

25. *Ein Ort für Herz und Seele*
    Die Hundertwasserkirche in Bärnbach 62

26. *Das große Hexeneinmaleins*
    Die Riegersburg 64

27. *Literaten und Schatzsucher*
    Das Ausseerland 66

28. *Erwarte das Unerwartete*
    Stift Admont 68

29. Österreichs Grand Canyon
    Nationalpark Gesäuse 70

KÄRNTEN

30. *Das Vermächtnis der frommen Witwe*
    Der Dom zu Gurk 72

31. *Dem Himmel so nah*
    Der Magdalensberg 74

32. *Unter dem Flüsterbogen*
    Maria Saal 76

33. *Drachenstadt in Traumlage*
    Klagenfurt und der Wörthersee 78

34. *Die Affen sind los*
    Die Burgen Landskron und Hochosterwitz 80

35. *Ein Platz für Romantik zu zweit*
    Millstätter See 82

36. *Schloss unter falschem Namen*
    Porcia in Spittal an der Drau 84

37. *Eine Fjordlandschaft und Niederländer auf Kufen*
    Der Weissensee 86

38. *Postkartenidylle mit Dreitausender*
    Heiligenblut am Großglockner 88

SALZBURG

39. *Da ist Musik drin*
    Mozart-Stadt Salzburg 90

40. *Des Erzbischofs kokette Wasserspiele*
    Schloss Hellbrunn 92

41. *Märchenwelt auf steilem Fels*
    Burg Hohenwerfen und die Eisriesenwelt 94

42. *Schätze aus dem Berg*
    Bad Gastein 96

43. *Park der Superlative*
    Nationalpark Hohe Tauern 98

44. *Und täglich grüßt das Murmeltier*
    Erlebniswelt Großglockner 100

45. *Niagara in Österreich*
    WasserWunderWelt 102

46. *Wo es schon der Kaiserin gefiel*
    Rund um den Zeller See 104

TIROL

47. *Juwel mit bewegter Geschichte*
    Schloss Bruck in Lienz 106

48. *Perle und Kriegsbeute*
    Kufstein und seine Festung 108

49. *Wahnsinn, wir sind „in"*
    Nobelort Kitzbühel 110

50. *Lohnender Preis – mit oder ohne Schweiß*
    Die Zillertaler Höhenstraße 112

51. *Weltstadt mit Augenmaß*
    Die Altstadt von Innsbruck 114

52. *Wo die „Adler" fliegen*
    Skisprungschanze Bergisel 116

53. *Gipfelstürmer, Skihaserl und eine Gletschermumie*
    Das Ötztal 118

54. *Schiff ahoi mit höchstem Segen*
    Der Achensee 120

VORARLBERG

55. *Die ganze Stadt eine Bühne*
    Bregenz am Bodensee 122

56. *Der Stein Fridolins und andere Wunder*
    Wallfahrtskirche Mariä Heimsuchung, Rankweil 124

OBER-ÖSTERREICH

Zweiter Blick erwünscht

Sehenswerte Kulturhauptstadt Linz

Als Kulturhauptstadt Europas und „Naturfreundlichste Stadt Österreichs" ist Linz mehr denn je eine Reise wert. Endlich kann die Stadt auch Skeptiker davon überzeugen, dass sie ihr negatives Image endgültig abgestreift und sich zu einem echten Kleinod entwickelt hat. Viel ist in den letzten Jahren dafür getan worden, und tatsächlich haben nicht zuletzt die Umweltmaßnahmen und Kulturinitiativen Linz zu einem interessanten Reiseziel gemacht.

Linz ist stolz auf die Titel einer „Kulturhauptstadt Europas" und der „Naturfreundlichsten Stadt Österreichs".

Direkt unterhalb des Schlosses liegt eine prächtige Altstadt, deren Zentrum der barocke Hauptplatz ist. Hier reihen sich repräsentative Gebäude Traufe an Traufe aneinander, es ist auch der Standort des Alten Rathauses, dessen Barockfassade aus dem Jahr 1659 stammt und das heute ein Museum zur Geschichte der Stadt beherbergt. In der Mitte des etwa zwei Fußballfelder großen Platzes erhebt sich die Dreifaltigkeitssäule, erbaut zum Dank für das Ende einer Pestepidemie.

Wer hätte gedacht, dass sich in Linz die größte Kirche Österreichs befindet? Der Neue Dom fasst 20 000 Gläubige, sein Turm bleibt mit knapp 135 Metern Höhe gerade unterhalb der strengen Grenze des Stephansdom-Südturms, der ja der höchste Kirchenbau der Donaumonarchie zu bleiben hatte. Allerdings ist dies nicht ganz geglückt. Rechnet man nämlich das Kreuz

Linz Tourismus, www.linz.at, Tel. 0732/7070-2009
Linzer Mariendom/Neuer Dom: www.dioezese-linz.at, geöffnet für Kirchenbesuche Mo bis Sa 7.30–19 h, Führungen Mo bis Sa 8–17.30 h, So u. an Feiertagen 13–17.30 h
Grottenbahn: www.oberoesterreich.at/grottenbahn, Tel. 0732/3400 75 06, geöffnet tägl. 1. März bis 31. Mai u. 1. September bis 1. November 10–17 h, 1. Juni bis 31. August 10–18 h
Lentos Kunstmuseum: www.lentos.at, geöffnet tägl. 10–18 h, Do 10–21 h
Brucknerhaus: www.brucknerhaus.at, Tel. 0732/76 12-0

auf der Spitze des Turmes mit, steht die größte und höchste Kirche Österreichs doch in Linz. Der Ausblick vom Turm ist atemberaubend und lohnt sich wirklich, auch wenn dafür 400 Stufen bewältigt werden müssen. Die Baumeister des auch Linzer Mariendom genannten Gotteshauses hatten die französische Hochgotik übrigens perfekt studiert, doch man darf sich nicht täuschen lassen: Der Dom wurde 1855 begonnen und ist daher ein neugotisches Bauwerk.

Fast von überall aus kann man die Wallfahrtsbasilika auf dem Pöstlingberg sehen. Sie steht gewissenermaßen für Linz selbst. 1716 wurde auf dem Berg ein hölzernes Gnadenbild angebracht, das bald als wundertätig galt. Schon vier Jahre darauf errichtete man an dieser Stelle eine kleine Kapelle. 1748 weihte man das heutige Bauwerk, das eines der wichtigsten Wahrzeichen Oberösterreichs werden sollte. Schon im Jahr davor lässt sich übrigens das erste Gasthaus auf dem Pöstlingberg nachweisen, was für einen wirklich regen Besucherstrom spricht. Er ist bis heute ungebrochen.

Vorübergehend war der Berg für eine militärische Nutzung vorgesehen, doch die maximilianischen Befestigungsanlagen, von denen heute noch einige Türme erhalten sind, kamen nie zum Einsatz. Dafür beherbergen ihre Reste heute einen wichtigen Publikumsmagneten: Die Grottenbahn von 1906 mit einem Miniaturnachbau des Linzer Hauptplatzes ist eine Märchen- und Zwergenwelt für die ganze Familie.

Den freien Blick auf die Wallfahrtskirche haben die Linzer übrigens den Soldaten Napoleons zu verdanken. Sie errichteten ein Fort auf dem Berg, dem ein großer Teil des dortigen Waldes zum Opfer fiel.

Wer es eher modern mag, sollte hinunter an die Donau kommen und das spannende Lentos Kunstmuseum mit seiner klaren Architektur besuchen. Und zwar nicht nur bei Tag, denn nachts kann der Betrachter den herrlichen Farbenzauber der in die Glasfassade integrierten Leuchten genießen. Die Sammlung des Hauses umfasst Werke bedeutender Künstler vom frühen 19. Jahrhundert bis in die Gegenwart, zudem finden regelmäßig Ausstellungen statt. Das Museum erhebt sich unmittelbar an der Donau gleich neben dem Konzertsaal Brucknerhaus, das jährlich etwa 200 Veranstaltungen und 180 000 Besucher sieht. Beide Häuser genießen internationale Anerkennung und haben Linz noch einmal attraktiver gemacht.

DBG

Ein Rundgang durch Linz bietet immer wieder überraschende Ausblicke, hier zum Beispiel auf den neogotischen Neuen Dom.

2 OBERÖSTERREICH

Pilgerfahrt zu Bruckner

Stift St. Florian

In welchem Kloster ließe es sich leichter von Musik erzählen als im Stift St. Florian, wo Anton Bruckner nicht nur Sängerknabe, sondern später auch Stiftsorganist gewesen ist? Zehn Jahre lang, von 1845 bis 1855, hat Bruckner hier gelebt und schließlich auch seine letzte Ruhestätte gefunden, womit St. Florian zur sicherlich wichtigsten Musik-Pilgerstätte Oberösterreichs geworden ist.

Das Stift St. Florian, eine der repräsentativsten barocken Klosteranlagen im Land, ist seit dem Jahr 1071 ein Konvent der Augustiner Chorherren. Doch die Klosteranlage ist weit älter und geht auf die Zeit der Karolinger zurück. Anfang des 9. Jahrhunderts wird erstmals eine Kirche erwähnt – der Legende nach über dem Grab des heiligen Florian. Dieses Grab freilich hat man nie entdeckt, doch grundsätzlich geht die Kirche hier auf die Römerzeit zurück.

Kein Besucher wird achtlos am metallenen Sarkophag Anton Bruckners vorbeigehen, der direkt unter der berühmten Bruckner-Orgel steht. Was Musikkenner wissen: Vom Orgelmeister Bruckner sind zwar neun Symphonien und repräsentative Messen auf uns gekommen, aber kaum eine Note Orgelmusik. Die hatte der Meister wohl im Kopf und in den Fingern, aber leider brachte er sie nicht aufs Notenpapier. Das sollte freilich niemanden davon abhalten, sich im Rahmen der fast täglich stattfindenden Konzerte das Klangerlebnis zu gönnen, das die Bruckner-Orgel bietet. Diese Orgel ist 1770–74 erbaut und mehrmals erweitert worden. Jetzt hat sie 103 Register. Erwähnenswert sind die beiden Chororgeln mit ihren edlen Gehäusen (1690/91) über dem Chorgestühl. Die kleine Mauracher-Orgel in der Marienkapelle ist ein Geschenk des Bruders von Anton Bruckner, Ignaz Bruckner. St. Florian ist mit seinem wunderbaren Marmorsaal ein Zentrum der traditionsreichen „Oberösterreichischen Stiftskonzerte". In dreieinhalb Jahrzehnten wurden rund 570 Stiftskonzerte aufgeführt, und man hat weit über eine Viertelmillion Besucher begrüßen können. Meist wird Kammermusik geboten, aber in St. Florian gibt es jedes Jahr auch Orchesterkonzerte.

Weil viele Menschen mit musikalischem Gehör das Kloster besuchen: Es lohnt sich, hier besonders auf das Geläut zu achten: Sechs Glocken aus dem Anfang des 14. Jahrhunderts prägen seit fast siebenhundert Jahren das Klangbild des Geläuts – auch das ein europäisches Kulturdenkmal. Dazu gehört die „Angelusglocke", die dreimal täglich zum Gebet einlädt, die barocke „Bilderbuchglocke" und die fast neun Tonnen schwere Prälatenglocke" im Nordturm. Sie ist nicht nur die größte Glocke Oberösterreichs, sondern auch die größte historische Glocke in ganz Österreich.

Zarter sind da die Stimmen der St. Florianer Sängerknaben. Der Bestand des Sängerknabeninstituts ist seit dem Jahr 1071 nachgewiesen, dem Jahr, in dem die Augustiner

---

Augustinerchorherrenstift St. Florian, Stiftsstraße 1, 4490 St. Florian, Tel. 07224/8902-0, www.stift-st-florian.at
Stiftsführungen 1. Mai bis 30. September 11, 13 und 15 h
„**Hörerlebnis Bruckner-Orgel**" (Livekonzert); Konzertreihen „Fiori Musicali", „Orgelfrühling", „Brucknertage", „Orgeltage". Oberösterreichische Stiftskonzerte (www.stiftskonzerte.at); Konzerte der Florianer Sängerknaben; Vermietung von Prunkräumen für Seminare und Tagungen; Unterkunft im Gästehaus (Leopoldinischer Trakt).
Stiftskeller; Klosterladen: Verkauf von hofeigenen Milch- und Milchprodukten, Fleisch, Florianer Getreide (Mehle, Grieße, Flocken) in der Demeter-Stiftslandwirtschaft
Anreise: St. Florian liegt im Südosten nahe Linz. A 1 (Abfahrt Asten/St. Florian)

Auch in St. Florian gehört die prächtige Bibliothek zu den Glanzpunkten des Stifts.

Chorherren das Kloster übernahmen. Sein berühmtester Zögling war Anton Bruckner. Die Stiftsgebäude, die zwischen 1686 und 1751 von Carlo Antonio Carlone und Jakob Prandtauer errichtet wurden, umschließen drei Höfe. Der Marmorsaal ist ein selbstständiger Baukörper im Südtrakt. Bartolomeo Altomonte hat die eindrucksvollen Fresken dort und in der Bibliothek gemalt, ebenso ein Fresko im Sommerrefektorium. Die Stiftsbasilika von St. Florian ist die erste Kirche nördlich der Alpen, bei der die gesamte Decke mit Fresken ausgestaltet wurde. Bei einer Stiftsführung kann man auch die im Zuge der Barockisierung Mitte des 18. Jahrhunderts errichtete Bibliothek sehen. Die Kunstsammlung präsentiert repräsentative Werke der Donauschule, vor allem 14 Altar-Tafelbilder von Albrecht Altdorfer. Die Barockgalerie ist in Aussehen und Präsentation seit 1772 weitgehend unverändert geblieben.

Der Märtyrer Florian ist 304 umgekommen, und er gilt als Schutzpatron vor Feuersgefahr: Naheliegend also, dass man hier – in der ehemaligen Stiftsmeierei, das oberösterreichische Feuerwehrmuseum eingerichtet hat.

Krie

3

OBER-ÖSTERREICH

Radlers Paradies im Strudengau

Grein an der Donau

Das Städtchen Grein kam durch die Donauschifffahrt zu Wohlstand.

Völlig unbeirrt ziehen Lastkähne und Kreuzfahrtschiffe die Donau auf- oder abwärts. Der Radweg scheint viel dichter befahren als die Wasserroute, und das verwundert überhaupt nicht. Der Donauradweg ist schließlich der meistbefahrene in Österreich, und der „Strudengau" zwischen den historischen Städten Grein und Ybbs ist einer der landschaftlich schönsten Abschnitte auf der 400-Kilometer-Route zwischen Passau und Bratislava.

Eine Bikeridylle wie aus dem Bilderbuch. Man ahnt nicht, wie wild es hier in früheren Jahrhunderten zuging. Der Name „Strudengau" leitet sich nämlich von Wasserstrudeln ab. Die Stromschnellen hier waren gefürchtet, bevor der Fluss mit dem Bau des Staudamms bei Ybbs-Persenbeug gezähmt wurde. Die Ortsbezeichnung Grein kommt vom Wort „greinen": Die Schreckensrufe der Schiffsleute hallten ans Ufer. Es war für die Donauschiffer also empfehlenswert, in der Stadt Grein einen ortskundigen Lotsen an Bord zu nehmen. Viele entschieden sich aber auch, die Waren lieber auszuladen und das nächste Stück des Wegs an Land zu transportieren. Für die Bürger von Grein – mit 3300 Einwohnern die kleinste Stadt Oberösterreichs – war das gut so. Man kam zu Wohlstand. Davon zeugt manches kunstsinnig ausgestattete Bürgerhaus ebenso wie das originalgetreu erhaltene winzige Theater – das älteste bürgerliche Theater Österreichs aus dem Jahr 1791.

Die Greinburg ist ein Renaissanceschloss mit beispiellos schönem Innenhof. Die Sala Terrena ist über und über mit Mosaiken aus farbigem Donaukiesel geschmückt. Unterhalb des Schlosses gibt es noch eine historische Kegelbahn. Hier verstand man also zu leben, davon geben die Prunkräume der Schlossbesitzer, der Herzöge von Sachsen-Coburg und Gotha, bis heute Zeugnis. Diese Familie spielte eine wichtige Rolle im euro-

---

Das „Oberösterreichische Schifffahrtsmuseum" auf der Greinburg ist vom 1. Mai bis 26. Oktober täglich geöffnet, 10–17 h. Für Gruppen auf Voranmeldung auch „herzogliches Kegeln" auf der historischen Kegelbahn. – Das historische Stadttheater ist von Anfang Mai bis Mitte Oktober täglich geöffnet, an Sonn- und Feiertagen nur nachmittags.
Info: Schloss Greinburg, 4360 Grein, Tel. 0664/9861981, www.schloss-greinburg.at, www.oberoesterreich.at/grein; zum historischen Stadttheater: www.museumsland.at/museen/greinst/daten.htm
Anreise: Grein liegt an der Donau, ziemlich genau auf halber Strecke zwischen Linz und der Wachau. Zu erreichen über die A 1, Autobahnabfahrt Amstetten. Mit dem Zug: Von St. Valentin (Strecke Wien–Linz) nach Grein-Bad Kreuzen.

Der Strudengau – hier bei St. Nikola – gehört zu den schönsten Abschnitten des Donauradwegs.

päischen Adel. Aus ihr stammt der Ehemann der Königin Victoria von England, andere Familienangehörige waren Könige in Portugal und Bulgarien, und auch der frühere bulgarische Ministerpräsident, Simeon von Sachsen-Coburg-Gotha, ist einer der ihren. Einige Stücke in den Schauräumen kommen aus dem Privatbesitz von Königin Victoria. In der Greinburg ist auch das Oberösterreichische Schifffahrtsmuseum untergebracht. Schaustücke, Schiffsmodelle und Dokumente geleiten durch Jahrhunderte der Schifffahrt auf der Donau und den angrenzenden Flüssen.

Wichtige Handelswaren, etwa Salz, wurden in die eine Richtung transportiert, Getreide aus Ungarn in die andere. Die Radler am Donauufer profitieren bis heute von dem regen Handel, denn die Treppelwege unmittelbar am Flussufer, heute durchwegs asphaltiert, bieten sich als Radwege an. Wenn man in Grein längeren Aufenthalt nimmt, dann gehört natürlich eine Führung im Theater dazu. Ein Miniaturtheater mit manchen Eigenheiten! So ist beispielsweise die Toilette nur mit einem Vorhang vom Zuschauerraum abgetrennt – schließlich wollte man ja keine Pointe verpassen. Theater und Gefängnis sind im selben Gebäude, dem Rathaus. Vom Gemeindekotter aus führte sogar ein Fenster in den Zuschauerraum. Die Gefangenen hatten freien Blick auf die Bühne. War das schon moderner, kulturbewusster Strafvollzug? Der Legende nach wurden die Gefangenen von den Theaterbesuchern auch mit Speise, Trank und Tabak versorgt, damit sie die Aufführung nicht störten. *Krie*

4 OBERÖSTERREICH

Ort mit vielen Gesichtern

„Christkindl-Stadt" Steyr

Die knapp vierzigtausend Einwohner zählende Stadt im Alpenvorland, einst die Keimzelle der Steiermark, hat viele Gesichter, ist facettenreich und entzieht sich jedwedem Klischee. Einerseits ein Industriestandort von Weltgeltung, der sich im 19. Jahrhundert mit unverhohlenem Stolz rühmte, die Waffenschmiede Europas zu sein, ist Steyr andererseits ein architektonisches Juwel voller Romantik, das bedeutsame Schätze aus den verschiedensten Epochen vereint – steinerne Zeugen vergangener Zeiten.

Was scheinbar ein Widerspruch ist, bedingt sich gegenseitig. Bereits im frühen Mittelalter war die kleine Siedlung am Zusammenfluss von Enns und Steyr ein Zentrum der eisenverarbeitenden Industrie, der sich der beachtliche Wohlstand der Bürger verdankte, die ihren Reichtum gerne zur Schau stellten und prächtige Häuser bauten – ein Zusammenhang, der noch heute in der auf einer Landzunge gelegenen Altstadt auf Schritt und Tritt ins Auge springt. Nicht umsonst zählt der Stadtplatz zu den schönsten Plätzen Europas. Da ist das barocke Schloss Lambach an der Stelle, wo einmal die wehrhafte Burg stand, da ist das Rathaus mit seiner Rokokofassade, das Bummerlhaus, dessen älteste Teile aufs 13. Jahrhundert zurückgehen, des Weiteren das barocke Sieben-Sterne-Haus oder am Grünmarkt der Innerberger Stadl, ein ehemaliges Speichergebäude mit schöner Renaissancefassade.

Maßgeblich zum frühen Aufschwung der Stadt trugen die Otakaren bei, ein ursprünglich im Chiemgau beheimatetes Grafengeschlecht, bei dem die Erstgeborenen zumeist Ottokar hießen. Zwar stammte die Idee, nahe der kleinen Siedlung, die sich um die mächtige, zur Abwehr magyarischer Überfälle errichtete Styraburg gebildet hatte, Eisenerz abzubauen und zu verarbeiten, nicht von ihnen – auf diesen Gedanken waren bereits die Kelten gekommen –, doch sie bauten den Ort tatkräftig zu einem frühmittelalterlichen Industrie- und Handelsplatz aus und verschifften ihre Waren über Enns und Donau in die deutschen Lande. Bereits 1170 durfte Steyr sich als „Urbs", als Stadt also, bezeichnen.

Gleichzeitig machten die Markgrafen die Pflege der schönen Künste zu einer Herzensangelegenheit, und die Burg über der Flussmündung wurde zu einem Zentrum des neuen ritterlichen Lebensgefühls, wie es sich zu jener Zeit in ganz Europa ausbreitete. Man denke nur an die französischen Troubadoure und die berühmten Minnesänger. Solcher Elan zur Förderung von Kunst und Wirtschaft, die bereits hier eine harmonische Symbiose eingingen, blieb nicht unbelohnt, denn die Otakaren fielen in der Adelshierarchie eine Stufe nach oben, als Kaiser Friedrich Barbarossa ihnen die Herzogswürde verlieh und sie mit der Steiermark belehnte. Doch leider war der erste Herzog der Letzte seines Geschlechts, und so währte das Glück nicht lange. Nach dem Erlöschen des Mannesstamms fiel die Steiermark an die mächtigen Babenberger, deren Hauptzweig in Wien saß, sodass Steyr seine Bedeutung als Residenz einbüßte.

War schon der höfische Glanz unwiederbringlich dahin, so setzte immerhin in wirtschaftlicher Hinsicht ab Ende des 13. Jahrhunderts ein neuer Boom ein. Jetzt wurde die Stadt wirklich reich, jetzt entstanden die

Tourismusverband Steyr, Stadtplatz 27, 4402 Steyr, Tel. 07252/53 229-0, www.steyr.at, www.pfarre-christkindl.at

prächtigen Bürgerhäuser, und vor allem kamen jetzt viele geschickte Handwerker, die den Erzeugnissen aus Steyr frühen Ruhm bescherten. Produziert wurde hier alles, was sich aus Eisen fertigen ließ, alles was man so für Haus und Arbeit brauchte – und zunehmend auch für Kriege. Man begann sich auf diesem Sektor zu spezialisieren, denn mit Säbeln, Bajonetten und anderem Kriegsgerät ließen sich gute Geschäfte machen. An diese Tradition knüpfte man dann im Zeitalter der industriellen Revolution nahtlos an, als man zur Produktion modernerer Waffen überging und mit der Erfindung des Hinterladergewehrs der Durchbruch zur Spitze der internationalen Rüstungsindustrie gelang.

Doch zurück zum romantischen Gesicht der Stadt. „Die Gegend in und um Steyr ist über alle Begriffe", schwärmte Franz Schubert. Neben der wild romantischen Landschaft, die man mit der ältesten Schmalspurbahn Europas erkunden kann, gehört dazu vor allem Christkindl, ein Stadtteil, der um eine Wallfahrtskirche herum entstand. Die noch recht junge Tradition geht zurück auf den Kapellmeister Ferdinand Sertl, der 1696 von seiner Epilepsie geheilt worden sein soll, nachdem er vor einem kleinen wächsernen Jesuskind in einem hohlen Fichtenstamm Tag für Tag Bittandachten abgehalten hatte. Bald strömten immer mehr Pilger zum „Christkindl unterm Himmel", sodass man sich zur Errichtung einer Wallfahrtskirche entschloss, einem Rundbau mit zwei kurzen Türmen im Stil des Barocks. In den Hochaltar wurde die ursprüngliche Andachtsstätte – Fichtenstamm mit Christuskind – integriert.

Außerdem lässt sich in Christkindl eine imposante mechanische Krippe, in der dreihundert Figuren durch eine biblische Landschaft bewegt werden, bewundern sowie eine gigantische orientalische Landschaftskrippe mit rund achthundert Figuren. Erheblich bekannter dürfte jedoch das Sonderpostamt Christkindl sein, das alljährlich zur Adventszeit Hochbetrieb hat, sowie die Dauerausstellung „Christkindlwelt" in der Altstadt, die Weihnachtsbräuche aus aller Welt mit Puppen nachstellt. Weihnachten wird eben groß geschrieben in Steyr – auch dies ein Gesicht der Stadt! *Ni*

Die „Schokoladenseite" der Stadt Steyr sieht man beim Blick über die Mündung des Steyr-Flusses in die Enns.

5 OBERÖSTERREICH

Filmreife Landschaft, filmreife Geschichten

Gmunden am Traunsee

In der Gmundener Kirchgasse

Ein bisschen Übertreibung mag dabei sein, wenn Gmunden gelegentlich als das „Nizza des Salzkammerguts" bezeichnet wird. Aber dass die Lage am Wasser mit den hoch aufragenden Bergen im Hintergrund etwas höchst Stimmungsvolles hat, kann keiner bestreiten. Und so ist es auch nicht erstaunlich, dass man eines Tages auf die Idee kam, hier eine Fernsehserie spielen zu lassen. Als Zentrum der Saga rund um Liebe und Schmerz, um Intrigen und Unglücksfälle wählte man ein besonderes Kleinod direkt am Rand der Stadt: das Seeschloss Ort, das auf einer kleinen Insel im Traunsee liegt, über eine Holzbrücke zugänglich ist und einen hübschen Arkadeninnenhof besitzt. Ein „Schlosshotel", wie es der Serientitel behauptet, hat es hier nie gegeben. Immerhin hat aber Spitzenkoch Johann Parzer im Schloss ein exklusives Restaurant mit Weinstube eröffnet, sodass man für die fehlende Übernachtungsmöglichkeit immerhin kulinarisch entschädigt wird. Im späten 19. Jahrhundert dann verbindet sich mit Schloss Ort eine Geschichte, wie sie kein Drehbuchautor schöner erfinden könnte. Damals gehörte der Bau Erzherzog Johann Salvator aus der toskanischen Seitenlinie der Habsburger. Er überwarf sich mit seinen in Wien regierenden Verwandten, unter anderem weil er eine nicht standesgemäße Heirat mit der Tänzerin Ludmilla Stubel anstrebte. Die Auseinandersetzungen führten dazu, dass er schließlich auf seinen Erzherzogstitel samt seinem Posten in der österreichischen Armee verzichtete und sich ab diesem Zeitpunkt nur noch „Johann Orth" nannte. Seine neue Existenz sollte nach seinem Willen eine recht abenteuerliche sein: Als Schiffseigner und Kapitän wollte er sich künftig sein Brot verdienen. Doch schon ein halbes Jahr nach ihrem ersten Auslaufen wurde die „Santa Margherita" mit Johann und seiner Frau an Bord, als sie bei Sturm Kap Hoorn zu umrunden versuchte, als verschollen gemeldet. Nie wieder fand man eine Spur von dem Schiff oder seinem Eigner…
Eigentlich ist anzunehmen, dass sich der toskanische Fürst in Gmunden recht wohl gefühlt haben müsste. Gibt es doch in der Stadt so manches „mediterran" anmutende

Ferienregion Traunsee – Tourismusbüro Gmunden, Rathausplatz 1, 4810 Gmunden, Tel. 07612/65752, www.traunsee.at
Stadtgemeinde Gmunden, Rathausplatz 1, 4810 Gmunden, Tel. 07612/794-0, www.gmunden.at
K-Hof Kammerhof Museen Gmunden, Kammerhofgasse 8, 4810 Gmunden, Tel. 07612/794-420, -423, www.k-hof.at
Traunseeschifffahrt Karlheinz Eder GmbH, Sparkassegasse 3, 4810 Gmunden, Tel. 07612/66700, www.traunseeschifffahrt.at

Abendstimmung über Gmunden und dem Seeschloss Ort

Detail. Vor allem das Rathaus mit seinen drei übereinanderliegenden Loggien. Es besitzt ein Glockenspiel, das uns auf eine weitere Besonderheit der Stadt verweist: Die Glocken sind nämlich aus Keramik. Und Gmunden ist international als Stadt des Töpferhandwerks und der Keramikkunst bekannt. Bereits im 17. Jahrhundert waren die hier entstandenen Kreationen beliebt – unter anderem schon das grüngeflammte Dekor, das für so manchen noch heute als der Inbegriff von schönem Geschirr gilt und wie eh und je in Gmunden hergestellt wird. Hohes künstlerisches Niveau erreichte die Produktion in der Stadt in der ersten Hälfte des 20. Jahrhunderts, als es der „Künstlerischen Werkstätte Franz und Emilie Schleiß" gelang, eine Reihe von renommierten Keramikkünstlern nach Gmunden zu ziehen. Die Stadt ist nach wie vor nicht nur Standort von Keramikherstellung, sondern veranstaltet mit dem „Österreichischen Töpfermarkt", der jedes Jahr am letzten Augustwochenende stattfindet, einen Keramikkünstlertreff von europäischem Rang. Einen Besuch wert ist der „K-Hof", die Kammerhof Museen Gmunden. Sie bieten einen Querschnitt durch die Geschichte der Stadt Gmunden. Der Schwerpunkt Keramik zieht sich als „Roter Faden" durch alle Ausstellungsräume bis zur kuriosen Sammlung des Sanitärmuseums „Klo & So".
Wer sich für Kunst interessiert, sollte unbedingt die Stadtpfarrkirche Mariä Himmelfahrt aufsuchen. Sie beherbergt eine sehr schöne geschnitzte Gruppe der Heiligen Drei Könige von Thomas Schwanthaler. Die Schutzmantelmadonna auf dem Hochaltar ist dagegen, wie es sich für Gmunden gehört – aus Keramik. *Ed*

Alte K.-u.-k.-Herrlichkeit

OBERÖSTERREICH

Bad Ischl

Einer der Orte, an denen man sich besonders gut in die Zeiten der Habsburgermonarchie zurückträumen kann, ist Bad Ischl. Und das ist kein Zufall: Hier hielten sich die Mitglieder der kaiserlichen Familie vom Beginn des 19. Jahrhunderts bis zum Ende der Monarchie bevorzugt auf – zuerst vor allem zur Kur in dem aufstrebenden Badeort, später einfach nur zur Sommerfrische. Das Flair, das sie hinterlassen haben, kann man heute noch spüren. Man muss dazu gar nicht einmal die Kaiservilla, die vielleicht bekannteste Sehenswürdigkeit des Städtchens, aufsuchen – auch im Kurpark, an der Esplanade am Ufer der Traun oder beim Gang durch die Straßen mit ihren gediegenen alten Bauten ist es noch lebendig.

Wie begann alles? Ischl hatte lange Jahre seiner Geschichte gut vom Salzabbau gelebt: Seit 3000 Jahren werden die Salzvorkommen der Gegend ausgebeutet. In eine neue Richtung entwickelten sich aber die Dinge, als um 1820 die Mediziner im großen Stil Mineralbäder zu Therapiezwecken einzusetzen begannen. In Ischl entdeckte man bald, dass man dank seiner Salzvorkommen bestens mit den erfolgreichen Nordseebädern konkurrieren konnte. Anstatt in Meerwasser badeten die Patienten in Sole – das hatte sogar noch den Vorteil, dass sich der Salzgehalt besser auf die jeweiligen medizinischen Erfordernisse anpassen ließ. Die ersten erfolgreichen Anwendungen führte Dr. Josef Götz an Salinenarbeitern durch. Aber der große Durchbrauch kam, als der Niederösterreicher Franz Wirer Ischl entdeckte. Er war vielleicht kein besserer Arzt als Götz – aber ein wesentlich talentierterer Kur- und Tourismusmanager. Denn er gab sich erst gar nicht mit Salinenarbeitern ab, sondern bemühte sich, die Prominenz nach Ischl zu locken. Das Programm, das er seinen Kurgästen anbot, kann man durchaus als einen Vorläufer des modernen Wellnessbetriebs sehen: Der Kurgast sollte nicht einfach therapiert werden, sondern sich rundum wohlfühlen. So verdankt Bad Ischl Wirer auch eine weitere Institution, die mit Medizin gar nichts zu tun hat: nämlich die weltberühmte Konditorei Zauner. Dass deren Begründer Johann Zauner von Wien an die Traun übersiedelte, ist ebenfalls der Initiative des findigen Kurarztes zu verdanken.

Wirer kam auch ein im wahrsten Sinne kaiserlicher medizinischer Erfolg zugute. Denn die lange kinderlose Erzherzogin Sophie gebar, nachdem sie sich seiner Behandlung in Ischl anvertraut hatte, vier Buben hintereinander.

Der älteste von ihnen ist der spätere Kaiser Franz Joseph. Für ihn wurde das Städtchen an der Traun noch in anderer Hinsicht sein Schicksal. Denn als er hier im Jahr 1853 mit der Bayernprinzessin Helene verlobt werden sollte, verliebte er sich in die Falsche: in deren damals 15-jährige Schwester Elisabeth. Für ihn sollte aus dieser Verliebtheit, die ein Jahr später in die literarisch und filmisch tausendmal verkitschte „Traumhochzeit" mündete, eine lebenslange Liebe werden. Allerdings keine glückliche Liebe. Denn die

Tourismusverband Bad Ischl, Auböckplatz 5 – Trinkhalle, 4820 Bad Ischl, Tel. 06132/277570, www.badischl.com
Kaiservilla: Kaiservilla Besichtigungsbetrieb Ges.m.b.H., Jainzen 38, 4820 Bad Ischl, Tel. 06132/23241, www.kaiservilla.at, geöffnet Mai bis September täglich 9.30–17 h, im April und Oktober 10–16 h, in der Adventszeit Sa, So 10–16 h, Jänner bis März Mi 10–16 h.
Konditorei Zauner: Stammhaus Pfarrgasse 7, 4820 Bad Ischl, Tel. 06132/23310-20, www.zauner.at, geöffnet tägl. 8.30–18 h; Café Esplanade: Mai bis September 10–22 h, Oktober bis April 10–20 h, Ruhetage Mo und Di (während der Weihnachtsfeiertage kein Ruhetag)

freiheitsliebende Elisabeth würde mit dem braven „obersten Beamten seines Reiches", für den die Staatsräson stets der höchste Wert war, nie zurechtkommen.

Immerhin verdankt Bad Ischl dieser Beziehung einen Besuchermagneten: die Kaiservilla mit dem Kaiserpark und dem kleinen Landhaus für die Kaiserin. Sie war das Hochzeitsgeschenk von Sophie an das Paar, und beim Um- und Ausbau der bestehenden Gebäulichkeiten sprachen die Beschenkten selbst mit. Die Villa bekam einen E-förmigen Grundriss, und es ist sicherlich mehr als bloße Spekulation, wenn man damit den Namen „Elisabeth" assoziiert – eine gebaute Liebeserklärung des Kaisers an seine junge Frau. Doch sollte sich Franz Joseph in den folgenden Jahren viel häufiger und länger hier aufhalten als die reiselustige Elisabeth. In den Jahren vor dem Ersten Weltkrieg wurde Ischl schließlich auch noch eine Operettenstadt. Imre Kálmán und Leo Fall kamen im Sommer gern hierher, und Franz Lehár erwarb schließlich sogar eine Villa am Ort. Dass sie viel später, ab 1939, sein ständiger Wohnsitz wurde, hat freilich einen tragischen Hintergrund: Seine jüdische Frau fühlte sich hier, anders als in Wien, vor der nationalsozialistischen Verfolgung sicher (sie hat diese schlimme Zeit dann auch tatsächlich überlebt). Die Lehár-Villa beherbergt heute ein Museum zur Erinnerung an den Komponisten.

Doch noch einmal zurück zum kaiserlichen Ischl. Denn auch das schicksalhafte Dekret, das 1914 die alte Welt in Flammen aufgehen ließ und das Ende der Habsburgermonarchie einläuten sollte, wurde hier unterschrieben. Als im Sommer 1914 nach dem Attentat auf Franz Ferdinand die Krise eskalierte, hielt sich Franz Joseph gerade in Ischl auf. Hier unterzeichnete er am 28. Juli die Kriegserklärung an Serbien, bevor er zwei Tage später von einer großen Menschenmenge nach Wien verabschiedet wurde. Wir wissen nicht, ob er ahnte, dass es nicht nur sein endgültiger Abschied von Ischl sein würde – er starb zwei Jahre später, ohne noch einmal hierherzukommen –, sondern auch der Abschied von der langen und glanzvollen Epoche der Herrschaft seines Hauses in Österreich. *Ed*

Die Kaiservilla von Bad Ischl erinnert an die Zeit, als die Großen der Habsburgermonarchie hier regelmäßig zu Gast waren.

OBER-ÖSTERREICH

7 Wo liegt der „Mann im Salz"?

Salzwelten Hallstatt

Sie haben schon eigenartige Ausdrücke, die Bergleute. Wenn sie ihr „Mundloch" aufmachen, dann nicht zum Essen oder zum Reden. Das Mundloch ist so groß, dass Menschen hineinpassen: Gemeint ist nämlich der Eingang in den Stollen. Wenn man beim touristischen Mundloch der Hallstätter Salzwelten angekommen ist, hat man schon eine Reise über historischen Boden hinter sich.

Das Hallstätter Hochtal gilt als die Wiege der Zivilisation im Salzkammergut. Wegen der Salzquellen sind schon vor 7000 Jahren Menschen in das damals überaus schwer zugängliche Gebiet 300 Meter über Seeniveau gekommen, und schließlich haben sie es auch dauerhaft besiedelt. Dies prägte die „Hallstattkultur": Einem ganzen Zeitalter haben diese Menschen den Namen gegeben. Das prähistorische Gräberfeld umfasst nach Meinung von Archäologen mehr als fünftausend Ruhestätten.

Jetzt kommen die Besucher mit einer modernen Standseilbahn ganz mühelos ins Hallstätter Hochtal. Und dann also hinein ins Mundloch! In die Vorfreude auf die unterirdische Erlebniswelt darf sich ruhig ein bisschen Ehrfurcht mischen. Immerhin betritt man das älteste Salzbergwerk der Welt. Als die Pyramiden von Gizeh und andere Weltwunder der Antike gebaut wurden, waren hier schon Salzknappen unterwegs.

Auf einer der längsten hölzernen Bergwerksrutschen wird mit Radar die Geschwindigkeit gemessen. Mit 20 bis 30 Stundenkilometern (je nach Mut und Körpergewicht) geht es bergab. Bald wird der Besucher von mystischen Lichteffekten gefangen genommen. Projektionen auf den Felswänden und Toncollagen vermitteln faszinierende Eindrücke. Das „Hörnerwerk" bildet sozusagen das Herz des Bergs: Ab 1911 ist hier neun Jahrzehnte lang das Salz mit Hilfe von Wasser ausgelaugt worden. Jetzt misst die unterirdische Halle 4200 Quadratmeter, fast so viel wie ein Fußballfeld. Das Licht bricht sich und wird reflektiert von den kleinen Wellen des unterirdischen Sees. Man hört magische Orchesterklänge – ein Erlebnis für die Sinne auf der unterirdischen Route. Diese Riesenkaverne ist von einer unvergleichlichen Naturschönheit, und der staunende Besucher erfährt, in wie vielen Farben Salzkristalle leuchten können: eine beinah irreal wirkende Landschaft mitten im Berg.

Den Gestaltern der Schaustollen war die kindgerechte Aufbereitung ein besonderes Anliegen – sogar ein „Zwergwerk" gibt es im Bergwerk. In den Gängen und Stollen wird die Geschichte von sieben Jahrtausenden erzählt. Mit zunächst primitivsten Werkzeugen wurde das Salz von den

Die „Salzwelten Hallstatt" sind von Ende April bis Ende Oktober geöffnet. Die genauen Öffnungszeiten in Hallstatt im Detail am besten im Vorhinein erkunden. In Hallstatt stehen die Präsentation unter dem Motto „Mann im Salz", die Riesenrutsche und die Licht- und Filmshow am Salzsee im Vordergrund.
Info: Tel. 06132/2002400, www.salzwelten.at
Anreise: Von Hallstatt fährt man mit der Salzbergbahn (nahe der Schiffsanlegestelle Lahn) zum Hallstätter Hochtal. Auch ein steiler Fußweg führt hier herauf. Beim nahen Knappenhaus ist der Eingang ins Bergwerk

Felswänden geschlagen – eine Haue aus einem Hirschgeweih, ungefähr 5000 vor Christus, ist das älteste erhaltene Gerät. Der Bergmann Sepp träumt davon, einmal einen neuen „Mann im Salz" zu finden. Einen hat man ja schon entdeckt, aber das ist lange her. Was geschah damals? Im Gegensatz zum tiefgekühlten „Ötzi" aus dem Gletscher, über den sich nicht nur die Sensationspresse, sondern auch die Wissenschaft auf der Stelle hergemacht hat, blieb es um den eingepökelten „Mann im Salz" ruhiger. 1734 waren drei Bergleute mit Sicherungsarbeiten in der Grube beschäftigt. Denn in einer Kaverne war die Decke eingestürzt. Da entdeckten sie, eingequetscht zwischen Steinen, die Leiche eines Mannes. Er war wohl das Opfer eines früheren Bergwerksunfalls. Gesicht und Körper des Toten waren platt gedrückt. Kleidung und Schuhe schienen nicht in die damalige Zeit zu passen. „Kein Christ", vermutete man, nachdem der Leichnam nach Hallstatt transportiert worden war. Also hielt man es für angebracht, ihn an heute unbekanntem Ort, jedenfalls abseits vom katholischen Friedhof, zu bestatten. Heute vermutet man, dass der „Mann im Salz" wohl mehrere tausend Jahre alt gewesen sein muss. Und die Wissenschaftler, um ein sensationelles Untersuchungsobjekt geprellt, können nur hoffen, dass man vielleicht dereinst doch wieder irgendwo im weit verzweigten Bergwerkssystem so gut erhaltene prähistorische Bergleute entdeckt. *Krie*

Anders als es seine abgeschiedene Lage vermuten lässt, ist Hallstatt schon seit Jahrtausenden besiedelt – dank seiner Salzquellen.

8 OBERÖSTERREICH

Ein Ort für Pilger und Träumer

Rund um den Wolfgangsee

Die Wallfahrtskirche von St. Wolfgang besitzt einen berühmten Altar von Michael Pacher aus dem Jahr 1481.

Wer kennt es nicht, das Lied vom „Weißen Rössl am Wolfgangsee" aus Ralph Benatzkys gleichnamiger walzerseliger Operette, die die Botschaft vom „Glück vor der Tür" unter die Leute brachte. Idylle pur? Unbeschadet solcher Klischees: Der Wolfgangsee ist idyllisch und bietet, umrahmt von Bergen, einen Postkartenanblick par excellence. Die Orte an dem zehn Kilometer langen, aber nur zwei Kilometer breiten See seien „so niedlich an die Ufer getupft", schwärmt ein Reiseführer. Und dass es sich hier gut leben lässt, weiß man schon lange. Allen voran die Dichter und Maler der Romantik waren es, die den Reiz dieser märchenhaften, verzauberten Landschaft entdeckten und publik machten. Später dann wurde der Wolfgangsee auch gesellschaftsfähig, denn viele Damen und Herren von höchstem Adel zog es hierher, um der kaiserlichen Familie nahe zu sein, die seit 1848 den Sommer in Bad Ischl zu verbringen pflegte – nur Sisi, die eigenwillige Kaiserin Elisabeth, blieb meist fern. Stattdessen quartierte ihr einsamer Gemahl seine Geliebte Katharina Schratt viele Sommer lang in der Villa Falkenstein nahe St. Gilgen ein, wo er sie des Öfteren diskret besuchte. Der Ort am Westufer des Sees war es auch, den die Hautevolee aus Wien bevorzugt für ihre Sommerresidenzen wählte – die luxuriösen Villen sind großenteils noch heute zu bewundern. Darüber hinaus schmückt sich St. Gilgen mit Salzburgs berühmtestem Sohn, mit Wolfgang Amadeus Mozart, denn hier wurde die Mutter des Wunderkinds geboren. Eine Tafel an ihrem Geburtshaus, dem heutigen Bezirksgericht, erinnert ebenso an sie wie der Mozartbrunnen.

Nostalgisch geht es auch auf dem See zu, wo neben modernen Schiffen noch zwei Raddampfer aus goldenen K.-u.-k.-Zeiten ihren Dienst tun: die „Kaiser Franz Josef" und die „Kaiserin Elisabeth". Ebenfalls ein Muss für Romantiker ist die 1893 fertiggestellte Zahnradbahn auf den Schafberg, die in einer knappen Stunde mit ihrer Dampflokomotive auf den Gipfel schnauft. Die Zeit scheint stehen geblieben! Auch Strobl am Ostufer des Sees profitierte von der kaiserlichen Sommerfrische, denn hier fanden auf dem Landsitz eines reichen Barons glanzvolle Feste statt. Später lockten die weiten, flachen Strände auch normale Urlauber an. Lange Zeit war der Ort nicht mehr gewesen als ein Stützpunkt für den Weitertransport von Eisen aus der Steiermark – ein einträg-

Wolfgangsee Tourismus Gesellschaft, A-5360 St. Wolfgang, Tel. 06138/8003, www.wolfgangsee.at, www.schafbergbahn.at, www.wolfgangseeschifffahrt.at

Idylle für Träumer: der See im Abendlicht

liches Geschäft für das Erzbistum Salzburg, dem die kleine Ansiedlung gehörte. Der Name Strobl, der „strubbeliger Mann" bedeutet, geht zurück auf eine Familie, die seit dem 14. Jahrhundert in der kleinen Siedlung den Ton angab.

Um Orte und Landschaften am Wolfgangsee ranken sich unzählige Geschichten und Legenden, doch die bekannteste von allen ist die vom heiligen Wolfgang, der dem Abersee, wie er damals hieß, ebenso seinen Namen gab wie dem Ort am Fuß des Schafbergs und beiden ungeahnte Popularität und wirtschaftlichen Aufschwung bescherte – als Pilgerziel und später als Tourismusmagnet. Wolfgang, ehemals Bischof von Regensburg, musste nach etlichen Querelen die Stadt an der Donau verlassen und zog sich zu frommer Kontemplation erst ins Kloster Mondsee zurück, dann in eine Einsiedelei am Falkenstein, wo er wundersame Kämpfe mit dem Teufel zu bestehen hatte und durch einen ebenso wundersamen Beilwurf hinab ins Tal die Stelle bestimmte, wo eine Andachtsstätte errichtet werden sollte, die Keimzelle des Ortes St. Wolfgang. Die Legende machte schnell im Volk die Runde, und bald war eine der bedeutendsten Pilgerstätten der damaligen Zeit entstanden.

Bis in die Gegenwart lebt diese Tradition fort, nur dass inzwischen mehr recht weltlich gesinnte Besucher die Gegend bevölkern. Und so ist es nur logisch, dass am sonnigen Nordostufer des Sees die spätgotische, barock ausgestaltete prächtige Wallfahrtskirche neben dem berühmten „Weißen Rössl" steht. *Ni*

Ein Geschenk des Himmels

Der Mondsee im Salzkammergut

OBERÖSTERREICH

Die Tourismusbetriebe am Mondsee sind zu beneiden, denn sie müssen nicht zu falschen Superlativen greifen, um ihre Region anzupreisen. Hier findet man eine Bilderbuchlandschaft vor, die schwärmerische Beschreibungen wie „einer der schönsten Plätze auf der Erde" und „natürliche Wunderwelt" durchaus einlöst. Zudem fügt die grandiose Kulisse von Drachenberg und Schafberg, die sich steil am Seeufer erheben, einen Hauch von Geheimnis und Zauber hinzu. Idyllische Orte mit dem Charme vergangener Zeiten liegen am See, um den sich viele Legenden ranken. Die vielleicht poetischste erzählt von einem hässlichen, bösen Riesen, der es sich in den Kopf gesetzt hat, eine schöne Königstochter, deren Vater am See herrscht, zu heiraten. Voller Entsetzen sinnt diese auf eine Fluchtmöglichkeit. Es ist der Mond, der ihr zu Hilfe kommt, indem er seine Strahlen hinunterschickt und eine Stiege zum Grund des Sees bildet. Er tut dies ein zweites Mal, als der Riese besiegt und die Prinzessin von einem edlen Ritter aus ihrem kalten Versteck befreit wird. Zum Dank dafür habe der See hinfort Mondsee geheißen.

Die ehemalige Stiftskirche von Mondsee ist ein prachtvoller Barockbau.

Viel prosaischer, jedoch wahrscheinlicher ist eine andere Erklärung für die Namensgebung. In der Gegend lebte einst das Adelsgeschlecht der Mannsees, nach denen der See wohl ursprünglich benannt war – woraus im Laufe der Zeit dann Mondsee wurde.

Erste Siedlungsspuren in Form von Pfahlbauresten in seichten Ufergebieten gehen in die Jungsteinzeit zurück, und dieser Funde wegen, die sich ähnlich auch anderswo im Ostalpenraum finden, spricht die Wissenschaft von der „Mondseekultur". Die heutigen Siedlungen gehen jedoch auf Rodungen der Bayern, im frühen Mittelalter Landesherren, zurück, wobei den wichtigsten Impuls Herzog Odilo gab, als er 748 das Kloster Mondsee gründete und es mit reichem Landbesitz ausstattete. Was dazu führte, dass Erschließung und wirtschaftliche Entwicklung der Region maßgeblich durch das Benediktinerstift geprägt wurden.

Doch auch in geistig-kultureller Hinsicht waren die Ordensbrüder wegweisend, denn bald war das Kloster berühmt für seine Schreibschule und die ebenfalls gepflegte Kunst der Buchmalerei – hier entstand unter anderem die älteste deutsche Bibelübersetzung. Mit der Zeit bildete sich um das Kloster herum eine kleine Marktgemeinde, die 1567, einige Zeit nachdem die Region in Habsburger Besitz gekommen war, von Kaiser Maximilian einen Wappenbrief erhielt. Wie viele österreichische Klöster wurde Mondsee 1791 im Zuge der Säkularisierung durch Joseph II. aufgehoben, doch kehrten hier die Mönche nicht zurück. 1810 machte Napoleon, damals Herr über fast ganz Europa, den ehemals klösterlichen Besitz samt Liegenschaften dem

Tourismusverband MondSeeLand, Dr.-Franz-Müller-Str. 3, 5310 Mondsee, Tel. 06232/22 70, www.mondsee.at, www.mondseeschifffahrt.com

bayerischen Feldmarschall Carl Philipp von Wrede zum Geschenk, der ihn als Schloss nutzte. Seitdem befindet er sich in Privatbesitz, einschließlich des nicht gerade kleinen Sees.

Heute beherbergt die ehemalige Klosteranlage neben diversen Geschäftsräumen das elegante Schlosshotel sowie eines der schönsten Standesämter Österreichs. Wer hier Ja gesagt hat, kann anschließend als Sahnehäubchen sozusagen eine Trauung in der prachtvollen ehemaligen Stiftskirche erleben. Jetzt Pfarrkirche, bildet das barocke Gotteshaus mit den markanten Doppeltürmen zusammen mit den bunt gestrichenen, hübschen Bürgerhäusern aus dem 16. bis 18. Jahrhundert ein bezauberndes Ensemble.

Neben der Gemeinde Mondsee ist noch erwähnenswert der kleine Flecken St. Leonhard, der malerisch am Fuß der steil aufragenden Drachenwand liegt. Dort im Fels befindet sich ein Loch beträchtlicher Größe, das Drachenloch genannt wird, bei dem es sich aber um ein ganz profanes Sonnenloch handelt, wie sie nicht selten vorkommen. An bestimmten Tagen fällt die Sonne in einem bestimmten Winkel durch dieses Loch und zeichnet Lichtspuren in die Landschaft. Die vorchristlichen Menschen sahen darin magische Zeichen und errichteten an den betreffenden Orten Kultstätten. Am Mondsee, wo man's geheimnisvoll liebt, wurde daraus die Sage vom Drachen, der sich in die beleibte Pfarrköchin verguckte. Beim Versuch, die Angebetete in luftige Höhen zu entführen, prallte er mit seiner schweren Fracht gegen den Fels. Seitdem gehört das Loch zu den Touristenattraktionen am Mondsee. *Ni*

Der Mondsee mit der Drachenwand – hier befindet sich das berühmte „Drachenloch".

NIEDERÖSTERREICH

Geschichte auf der Bärenhaut

Stift Zwettl

Der Turm der Stiftskirche von Zwettl ist der zweithöchste Kirchturm in Niederösterreich.

In einer Flussschleife des Kamps, verborgen in einer Talsenke, liegt die Zisterzienserabtei Zwettl. Das ist nicht untypisch für Niederlassungen dieses Ordens. Wer sich annähert, sieht über den Wiesen anfangs nichts als die Kirchturmspitze – mit 82 Metern ist es der zweithöchste Kirchturm in Niederösterreich. Das slawische Wort „svetla", das licht oder hell bedeutet, steckt hinter dem Ortsnamen. Der Hinweis auf eine Lichtung lässt darauf schließen, dass es sich bei dem im Jahr 1138 gegründeten Stift Zwettl um ein typisches Rodungskloster handelt, errichtet als Zentrum zur Urbarmachung der Region. Der romanische Kreuzgang mit dem frühgotischen Brunnenhaus ist wohl einer der stimmungsvollsten in Österreich, nicht nur wegen des liebevoll gepflegten Gartens. Auch der Kapitelsaal ist ein Überrest aus romanischer Zeit – so wie das auf Stiftsführungen bestaunte Necessarium. Was das ist? Es hat mit innerer Erleichterung zu tun... Nachdem weite Teile des Klosters während der Hussitenkriege zerstört worden waren, errichtete man in den Jahren bis 1490 die gotische Stiftskirche neu. Im 18. Jahrhundert war dann eine Barockisierung angesagt. Für die nächsten Jahre ist geplant, die mit einem Fresko von Paul Troger ausgeschmückte Bibliothek in die Führungen einzubinden, was derzeit noch nicht möglich ist. 425 Handschriften und 286 Inkunabeln werden hier verwahrt. Ein besonderes Stück ist die sogenannte „Bärenhaut", eine Abschrift von Urkunden und die Zusammenfassung des Gründungsgeschehens, der Hausgeschichte und der Beziehungen zur Stifterfamilie der Kuenringer. Der Prachtband enthält auch den Stammbaum der Kuenringer. Die Bezeichnung „Bärenhaut" leitet sich vom Einband aus Schweinsleder ab. Denn der Volksmund bezeichnet den Eber als „Saubär".
Ein kulturell einzigartiges Werk aus dem Barock ist die Orgel – ein Egedacher-Instrument von 1731. Auch die sogenannte Chororgel oder Kanzelorgel ist ein historisches Instrument (1727). Seit über 25 Jahren findet das „Internationale Orgelfest" statt. Zur klösterlichen Gemeinschaft von Stift Zwettl gehören gegenwärtig 23 Mitglieder. Man betreut vierzehn stiftseigene und drei weitere Pfarren. Im Bildungshaus des Stiftes sind Gesundheitsprogramme besonders gefragt. „Das Erlebnis der Gruppe erleichtert manchem schwierigen Schritt", so erklärt man: „Fasten in Gemeinschaft wirkt befrei-

Zisterzienserstift Zwettl, Stift Zwettl 1, 3910 Zwettl, Tel. 02822/20202-17, www.stift-zwettl.at
Stiftsführungen von 1. Mai bis 31. Oktober, sonst gegen Voranmeldung. Die Gärten sind mit Ausnahme des Kreuzgangsgartens zugänglich.
Fastenkurse, Fastenwandern; Urlaub im Kloster
Internationales Orgelfest Stift Zwettl (Ende Juni/Juli); Stiftstaverne; Klosterladen mit stiftseigenen und regionalen Produkten (Wild, Waldviertler Karpfen, „Zwettler Stiftsschätze").
Anreise: A1 (St. Pölten), S 33 (Krems), weiter über Gföhl nach Zwettl. Bahnverbindung von Wien nach Zwettl Das Kloster ist 3 km von der Bahnstation entfernt.

end und bringt ungeahnte Potenziale zum Vorschein." Das fünftägige Angebot „Fastenwandern" im Frühjahr umfasst Wanderungen, Gymnastik und Gruppentänze, Vorträge zu gesunder Ernährung und entsprechender Lebensgestaltung.

Aber es muss nicht immer Fasten sein: Die Geschichte des klostereigenen Stiftsweinguts im Schloß Gobelsburg in der Nähe von Langenlois reicht bis ins 12. Jahrhundert zurück. Veranstaltungen und Weinverkostungen sind gegen Voranmeldung möglich. Von Mai bis Oktober können dort hervorragende Weine von ausgezeichnetem internationalen Ruf genossen werden.

Seit 1990 führt das Stift Zwettl die Höhere Lehranstalt für Umwelt und Wirtschaft in Ysper. Die Zisterzienser waren seit ihrer Gründung Pioniere in der Landwirtschaft. „Heute sind nicht mehr Rodungsspezialisten gefragt, sondern Menschen, die sorgsam mit den beschränkten Ressourcen der Schöpfung umgehen", heißt es. Schwerpunkte in der fünfjährigen Ausbildung, die mit Matura abschließt, sind neben kaufmännischen Fächern und EDV Biologie und Umweltanalytik, Physik, Umweltmess- und Regeltechnik sowie Umweltökonomie, Abfallwirtschaft und Raumplanung. Das Interesse junger Leute an dieser Ausbildung ist so groß, dass die Schule bereits an ihre Kapazitätsgrenzen gestoßen ist.

Mit Stolz zeigt man die Gärten des Stifts vor. Die Orangerien und das Gartenhaus, das „Sommerstöckl", entstanden im ersten Drittel des 18. Jahrhunderts; diese Gebäude werden auch vermietet. Die Terrassengärten, der Abteihof und der Prälatengarten wurden in den letzten Jahren nach historischen Vorbildern neu bepflanzt. Seit der Barockzeit werden hier auch exotische Pflanzen gezogen. Den Anstoß zu dieser gärtnerischen Revitalisierung gab die Initiative „Festival der Gärten – Kamptal 2006". *Krie*

Der Kreuzgang des Stifts gehört wohl zu den stimmungsvollsten in Österreich.

NIEDER-ÖSTERREICH

Die Wiege Österreichs

In und um St. Pölten

Nicht jeder käme wohl auf St. Pölten, wenn er nach der ältesten Stadt Österreichs gefragt würde, denn es handelt sich

Eine Landschaft wie aus dem Bilderbuch: Obstbaumblüte im Mostviertel

zugleich um die jüngste Landeshauptstadt (seit 1986). Doch als der Ort 1159 durch den Bischof von Passau das Stadtrecht verliehen bekam, hatte er schon viele Generationen von Bewohnern gesehen. Vom Kloster Tegernsee aus war an dieser Stelle ein Benediktinerkloster gegründet worden, das bereits 771 urkundlich erwähnt wurde. Dessen Kirche war dem heiligen Hippolyt geweiht, dem St. Pölten (St. Polyt) seinen Namen verdankt. Doch die Anfänge des Ortes reichen sogar bis in die Antike zurück. Denn hier hatte sich schon die Römerstadt Aelium Cetium und damit eines der Zentren der römischen Provinz Noricum befunden.

Barocke Bauten prägen an vielen Stellen das Stadtbild St. Pöltens, mancher feiert den Ort gar als die österreichische Hauptstadt des Barock. Das ist vor allem das Verdienst des berühmten Barockbaumeisters Jakob Prandtauer, der 1689 hierherkam und auf den einige der bedeutendsten Bauwerke zurückgehen. Prandtauer, den man vielleicht noch vom 50-Schilling-Schein kennt, wurde 1660 als Sohn eines Bauern in Tirol geboren und starb 1726 in St. Pölten. Wenn auch Stift Melk sicher sein bekanntestes Werk ist – er sollte bis zu seinem Lebensende daran arbeiten –, so finden wir doch auch in St. Pölten überall seine Spuren: Nicht nur Teile des Instituts der Englischen Fräulein mit seiner wuchtigen Fassade oder die Kirche des Karmelitinnenklosters (heute Prandtauerkiche und Karmeliterhof) hat er geschaffen, sondern auch eine Reihe von Stadtpalästen sowie die berühmte Rathausfassade, das Wahrzeichen der Stadt. Der Dom, von Prandtauer und seinem Neffen Josef Muggenast barockisiert, war ursprünglich eine romanische Basilika, wovon der Turm bis heute zeugt.

Das älteste Geschäft St. Pöltens befindet sich in der Wiener Straße. Die Löwen-Apotheke besteht seit 1545, auch sie ziert eine eindrucksvolle Barockfassade. Leider wurde die Stadt im Zweiten Weltkrieg wegen der hohen Anzahl der hier

St. Pölten Tourismus, www.st-poelten.gv.at, Tel. 02742/353354
Dom und Diözesanmuseum: www.kirche.at/stpoelten, Tel. 02742/324331, geöffnet Mai bis Oktober Di bis Fr 9–12 u. 14–17 h, Sa 10–13 h, Mo, So u. Feiertage geschlossen
Mostviertel Tourismus: www.moststrasse.at, Tel. 07416/52191

ansässigen Rüstungsbetriebe heftig bombardiert, sodass etwa 35 Prozent der Gebäude zerstört wurden. Als der einzige Platz der Stadt, der noch komplett von Originalbauten aus dem Barock umstanden ist, gilt der Riemerplatz, dessen besondere Atmosphäre man sich nicht entgehen lassen sollte.

Auch wenn St. Pölten mit drei Seen und vielen Parkanlagen innerhalb seines Stadtgebietes lockt, lohnt sich ein Ausflug ins Umland allemal.

Denn die Stadt liegt inmitten des idyllischen Mostviertels, dem größten Mostbirnbaumgebiet Europas. Typisch für diese Landschaft sind ausgedehnte Streuobstwiesen, die sich zwischen mächtigen Höfen, den Vierkantern, auf voralpinen Hügeln erstrecken.

Besonders zu empfehlen ist eine Erlebnistour entlang der sogenannten Moststraße. Sie liegt im Westen dieser malerischen Landschaft und bringt dem Besucher Wirtshäuser, Moststraßenheurige und Produkte der Region auf angenehme und ansprechende Weise nahe.

Und weil das Gebiet um Neuhofen an der Ybbs schon 996 erstmals als „Ostarrîchi" wurde, gilt das Mostviertel als die Wiege Österreichs. *DBG*

Die Pestsäule auf dem Rathausplatz ist nur ein Beispiel für die vielen barocken Höhepunkte im Stadtbild von St. Pölten.

12 NIEDERÖSTERREICH

Himmelsnah und erdverbunden

Stift Göttweig in der Wachau

Weithin sichtbar thront, wenige Kilometer südlich von Krems und nahe der Grenze zum Waldviertel, auf einer bewaldeten Anhöhe über dem Donautal der mächtige Komplex des Stiftes Göttweig. Mit seiner exponierten Lage und dem fast quadratischen Grundriss erinnert es an das berühmte Montecassino in Süditalien, weswegen es auch oft und gerne als „österreichisches Montecassino" bezeichnet wird. Beide Klöster scheinen im wahrsten Sinne des Wortes dem Himmel nah, beide gehören den Benediktinern. Die italienische Abtei gilt gar als Keimzelle dieses Ordens, während die erste Gemeinschaft von frommen Brüdern auf dem Göttweiger Berg zunächst nach den Regeln des heiligen Augustinus lebte.

Sie waren im Gefolge des Passauer Bischofs Altmann hierhergekommen, der wegen Differenzen mit Kaiser Heinrich IV. im Investiturstreit in den östlichen Teil seiner Diözese fliehen musste und dort, unter dem Schutz des österreichischen Markgrafen Leopold II., 1083 das Stift Göttweig gründete. Bereits elf Jahre später – die Zeiten waren unverändert unruhig, geistliche und weltliche Herren unverändert gespalten – wurde Göttweig den Benediktinern übergeben. Damals soll es auf dem Berg acht Kirchen und Kapellen gegeben haben. Erhalten von den mittelalterlichen Bauten ist neben der Erentrudiskapelle im Stiftshof nur die sogenannte Burg, die ursprünglich den Eingang zum Konvent sicherte, später als Klosterpforte diente und heute Museum ist.

Ihr jetziges Gesicht erhielt die Klosteranlage im Barock, nachdem ein verheerender Brand 1718 fast alle Gebäude vernichtet hatte. Unter der Ägide des rührigen Abtes Gottfried Bessel wurde der kaiserliche Baumeister Johann Lukas Hildebrandt mit Planung und Bau einer neuen Klosteranlage betraut. Das Resultat ist ein prachtvolles barockes Ensemble mit üppigen Dekorationen im Innern, von den Proportionen filigran und mächtig zugleich. Und das, obwohl der ursprüngliche Plan nur zu zwei Dritteln realisiert werden konnte. Maria Theresias Erbfolgekriege hätten das Staatssäckel über Gebühr strapaziert, heißt es.

Zu den Prunkstücken gehören neben der auffallend rosafarbenen Stiftskirche vor allem die Kaiserzimmer und die Kaiserstiege mit einem Deckenfresko von Paul Troger, das Kaiser Karl VI., den Vater Maria Theresias, als Helios-Apoll darstellt. Dieser Trakt wurde für die Majestäten aus Wien und ihre Entourage reserviert, falls diese geruhten, dem Stift einen Besuch abzustatten. Jedenfalls wohnten sie dort nicht gerade klösterlich bescheiden. Die Räumlichkeiten waren, wie es damals hieß, „Gästen allererster Ordnung vorbehalten": „Pro hospibus primae notae."

Aber die Benediktiner haben sich ja bekanntlich seit jeher nicht nur frommer Kontemplation gewidmet, sondern standen stets mit beiden Beinen fest im Leben und haben sich diversen Aufgaben, zunächst vor allem seelsorgerlichen Pflichten, gewidmet. Die Brüder in Gottweig profilierten sich darüber

Stift Göttweig, 3511 Furth bei Göttweig, Tel.: 02732/85 581-231, www.stiftgoettweig.or.at, geöffnet 16. März bis 3. November, Führungen werktags 11, 14 und 15 h, Sa, So und an Feiertagen 11, 12, 14 und 15 h

hinaus als Kunstsammler. So kann das Stift den größten privaten Bestand an Druckgrafiken vorweisen; als ebenfalls beachtlich gilt das Musikarchiv, und die Stiftsbibliothek rangierte einst, was Größe und Bedeutung angeht, vor allen anderen im Reich gleich hinter der Kaiserlichen Bibliothek in Wien. Doch in Göttweig beschränkt man sich nicht nur auf die Pflege von Kunst und Kultur. Die Zeichen der Zeit erkennend, wurde das Stift behutsam in die Moderne geführt. Neben dem eigentlichen klösterlichen Kern entstand ein professionell geführter wirtschaftlicher Betrieb. Dazu gehören unter anderem ein Weingut, dessen Produkte im Internet vermarktet werden, Souvenirshop, Panoramarestaurant und ein Hotelbetrieb. Auch hat Göttweig sich der Vereinigung „Klösterreich" angeschlossen, die Urlaub im Kloster anbietet – vermutlich ein notwendiger Weg, um die riesigen Anlagen unterhalten und behalten zu können. „Ora et labora" – bete und arbeite –, heißt es bei den Benediktinern. In Göttweig hat man die alte Regel neuen Erfordernissen erfolgreich angepasst.   *Ni*

Wegen seines Grundrisses, aber vor allem seiner Lage wird Göttweig auch als das „österreichische Montecassino" bezeichnet.

13 NIEDERÖSTERREICH

Die „Krone" Österreichs

Stift Klosterneuburg

Palast oder Kloster, das ist hier die Frage. Die beiden mächtigen Kuppeln auf dem markant am südlichen Donauufer – am Eingang in die Kaiserstadt – aufragenden Gebäudekomplex, das hat etwas Imperiales. Tatsächlich verschwimmt im Stift Klosterneuburg die Grenze zwischen Weltlichem und Geistlichem, und dass beides mit einem erheblichen Machtanspruch einherging, ist auch nicht zu übersehen.

In der Schatzkammer wird – eine historische Ikone – der österreichische Erzherzogshut verwahrt, die Krone des Landes. Erzherzog Maximilian III. hat ihn 1616 anfertigen lassen. Die Krone sollte das Erzherzogtum Österreich repräsentieren, also das Kernland des Habsburgerreichs. Maximilian hat auch verfügt, der Erzherzogshut müsse für immer im Stift Klosterneuburg aufbewahrt werden, in nächster Nähe der Reliquien des heiligen Leopold, des Landespatrons von Österreich. Nur zur Erbhuldigung eines neuen Landesfürsten durch die österreichischen Stände in Wien dürfe der Hut das Stift auf maximal drei Wochen verlassen. Zuletzt geschah dies 1835, und mit einer Wiederholung ist nicht zu rechnen. Tatsächlich war das Stift zuerst weltliche Residenz. 1113 verlegte Markgraf Leopold III. seinen Sitz nach Klosterneuburg. Acht Jahre zuvor soll, so die Legende, ein Windstoß den Hochzeitsschleier seiner Braut Agnes hinweggetragen haben, und Markgraf Leopold gelobte, an der Stelle, an der man ihn wiederfände, ein Kloster zu stiften. Die Geschichte ist historisch unhaltbar, aber ein Stück Schleier als „Reliquie" ist erhalten, und sie stammt sogar aus der Zeit Leopolds, wie Materialuntersuchungen ergeben haben. Vielleicht hat Agnes ihren Schleier einer Marienstatue gestiftet, und er kam so in die Schatzkammer des Klosters. 1114 wurde das Monasterium gestiftet, und 1133 berief der Babenbergerfürst die Augustiner Chorherren nach Klosterneuburg. Zweimal noch war Klosterneuburg Residenz: Um 1200 wohnte hier für einige Jahre Herzog Leopold VI., der mit der „Capella speciosa" von französischen Bauleuten den ersten gotischen Bau in Österreich errichten ließ. Das wäre also so etwas wie die „Sainte Chapelle" – hätte sie nicht Joseph II. 1786 als „überflüssige Kirche" profanieren lassen und ihren Abbruch befohlen. Ab 1730 ließ Kaiser Karl VI. die alten Gebäude umbauen, doch der von ihm erträumte „österreichische Escorial" blieb nur ein Torso.

Was damals realisiert wurde, ist freilich imposant genug, auch wenn es gerade ein Viertel dessen ist, was geplant war. Neuerdings ist die erstmals zugänglich gemachte zweigeschossige Sala terrena der barocke Empfangsraum für die Besucher des Stiftes – und Geschäftslokal des Klosterladens. Man kann sich für den „Sakralen" oder für den „Imperialen Weg" entscheiden. Oder auch für den „Weinkultur-Weg", der auch nicht zu verachten ist. Immerhin ist das Stift Klosterneuburg das älteste und mit 108 Hektar Weinbaufläche das derzeit

---

Stift Klosterneuburg, Stiftsplatz 1, 3400 Klosterneuburg, Tel. 02243/411-0, www.stift-klosterneuburg.at
Drei Stiftsführungen: 19. November bis 30. April tägl. zwischen 9 und 17 h, 1. Mai bis 17. November tägl. zwischen 9 und 18 h: „Der sakrale Weg", „Der imperiale Weg" und „Der Weinkultur-Weg" (nicht zur Weinlesezeit!)
Stiftsmuseum („Kunst am Sonntag"); Führung „Die geheimen Gärten" (für Gruppen); Gartentage (Juni); Weinverkauf in der Vinothek Stift Klosterneuburg (Rathausplatz 24) und auch online.
Anreise: U 6 (Spittelau), S 40 (Richtung Tullln, bis Klosterneuburg-Kierling), von dort zehn Minuten Fußweg (beschildert). Mit dem Auto ab Wien in ca. 15 Minuten auf der B 14

zweitgrößte Weingut Österreichs. Rund eine halbe Million Flaschen pro Jahr wird ausgeliefert.

„Erstklassige Lagen in Niederösterreich und Wien bieten die beste Voraussetzung für die Erzeugung von Premiumweinen, die erst aufgrund ihres ausgeprägten Lagen- und Sortencharakters Größe beweisen", erklärt man dazu.

Aber kommt es nicht einem Frevel gleich, sich in einem Stift, in dem es immerhin den Verduner Altar zu bewundern gibt, auf Wein-Abwege zu begeben? Die romanische Stiftskirche, der gotische Kreuzgang mit der Leopoldskapelle, die umfänglichen Stiftssammlungen – diese Attraktionen locken Touristen an: rund 100 000 sind es pro Jahr. Der Verduner Altar mit seinen 51 Emailtafeln ist eines der bedeutendsten Kunstwerke des Mittelalters. Das Museum gehört zu den wichtigsten geistlichen Schatzkammern in Österreich. Zu den bedeutendsten Beständen des Stiftsmuseums zählen die Merkurstatuette von Raphael Donner, eine reiche Sammlung von Elfenbeinschnitzereien und zahlreiche Ansichten des Stifts aus dem 19. und 20. Jahrhundert, darunter vier Frühwerke Egon Schieles. Die kostbarsten Exponate sind allerdings der Babenberger Stammbaum, ein Triptychon, und die Tafelbilder von Rueland Frueauf dem Jüngeren. Zu den für die Landesgeschichte ganz entscheidenden Stücken im Stiftsarchiv zählt eine Urkunde aus dem Jahr 1147. Da steht zum ersten Mal das Wort „Austria" für die von den Babenbergern beherrschte Markgrafschaft. Zuvor hatte der Begriff nur ganz allgemein einen östlichen Landesteil bezeichnet. Daher also kommt jenes Wort „Austria", das sich im internationalen Sprachgebrauch für Österreich eingebürgert hat. *Krie*

Auch wenn der „österreichische Escorial" ein Torso blieb: Klosterneuburg bietet auch so ein höchst eindrucksvolles Bild.

14 NIEDERÖSTERREICH

Frischer Wind in alten Mauern

Stift Heiligenkreuz

Seit 1999 sind sie ein fester Brauch in Heiligenkreuz, die „Jugendtage" über Silvester. Die Veranstaltung beginnt nachmittags am 29. Dezember, Ende ist am 1. Januar nach dem Mittagessen. Nur ein Schlafsack ist mitzubringen. Zuletzt haben etwa sechzig Jugendliche dieses Angebot – laut Eigendefinition „eine Mischung von Ferien, Sport, Gebet, Lobpreis, Wanderungen und Filme schauen" – angenommen. „Und einen täglichen geistlichen Impuls gibt es auch."

Im Stift Heiligenkreuz ist man durchaus erfinderisch, wenn es darum geht, junge Leute anzusprechen. Auch die monatliche „Jugendvigil" (immer am ersten Freitag im Monat) ist ein solches Angebot – in diesem Fall organisiert von den jungen Mönchen: eine Feier mit Prozession durch das dunkle Kloster. „Es kommen viele Jugendliche, oft von weither, und es geht dabei wirklich um Gott", freut man sich.

Wer es handfester schätzt, ist vielleicht bei den „Geistlichen Sportwochen" jeweils im August richtig. Die spielen sich weniger in der Kirche ab als in einem geheimnisvollen Raum, den man scherzhaft „Praeparatorium ad martyrium" nennt. Dahinter verbirgt sich ein kleines klösterliches Fitnesscenter. Seit 2001 gibt es diese „Geistlichen Sportwochen". Sie bieten eine Mischung aus Kraftsport und Exerzitien. Zielgruppe sind junge Männer ab 16 Jahren. Ohne Fleiß kein Preis, argumentiert man in Heiligenkreuz und zieht eine Parallele vom Sport zum geistlichen Leben: Ohne Fleiß auch kein Lobpreis…

Die Idee mit dem klösterlichen Fitnessraum hatte übrigens der Neffe des Abtes, Florian Henckel-Donnersmarck. Der hat hier nicht nur die Muskeln trainiert. Der Filmemacher hat im Februar 2007 für „Das Leben der Anderen" einen Oscar für den besten ausländischen Film eingeheimst. Das Drehbuch hatte Henckel-Donnersmarck in der Abgeschiedenheit des Stifts geschrieben. Die Präsentation der Oscar-Statuette im Kloster ist denn auch beinah ein Volksfest geworden! Es ist eigenartig, dass die nahe der Bundeshauptstadt im Wienerwald gelegene Zisterzienserabtei trotz ihrer 150 000 Besucher jährlich im österreichischen Bewusstsein nie wirklich populär geworden ist, und daran hat auch der Medienrummel um den Papstbesuch im Spätsommer 2007 nicht viel geändert. Dabei ist Heiligenkreuz – das weltweit älteste Zisterzienserkloster, das nie aufgehoben wurde – geradezu das Musterbeispiel einer mittelalterlichen Abtei. Romanik und Gotik herrschen vor. Die späteren Zubauten halten sich in Grenzen, weil man sich eine radikale Barockisierung nicht leisten wollte oder konnte. Denn von Heiligenkreuz aus hat man im späten 17. und 18. Jahrhundert mit großem Eifer den

Stift Heiligenkreuz, 2532 Heiligenkreuz im Wienerwald, Tel. 02258/8703, www.stift-heiligenkreuz.at; www.hochschule-heiligenkreuz.at
Klosterführungen Mo–Sa 10, 11, 14, 15, 16 h; So und Feiertage 11, 14, 15, 16 h. Gastaufenthalte; Kloster auf Zeit, Einzelexerzitien, „Klostertag für Schulklassen", Jugendangebote wie die „Geistliche Sportwoche"; Klostergasthof mit Gastgarten
Weinverkostungen im Gut Thallern bei Gumpoldskirchen, Direkt- und Online-Verkauf; im Klosterladen stiftseigene Weine, Liköre, Klosterbrände; Choral-CDs, Souvenirs von Mayerling
Anreise: Stift Heiligenkreuz liegt 15 km südwestlich von Wien, direkt an der Autobahn (A 21, Ausfahrt Heiligenkreuz oder Mayerling).

Wiederaufbau der ungarischen Abteien vorangetrieben, die unter den Türkenkriegen schwer gelitten hatten.

Heiligenkreuz ist folglich in Anlage und Bausubstanz ein durch und durch mittelalterliches Kloster geblieben. Noch im 12. Jahrhundert wurde die dreischiffige Basilika fertiggestellt, ein romanisches Langhaus, das bis heute ob seiner nüchternen Schlichtheit beeindruckt. Der Chor wurde im 13. Jahrhundert in gotischem Stil angebaut. Bei etwa der Hälfte der Glasfensterscheiben handelt es sich noch um die Originale aus der Zeit um 1290.

Aus dem Jahr 1240 stammt der romanisch-gotische Kreuzgang. Hunderte roter Marmorsäulen symbolisieren die Bäume des Paradieses, und als „Paradisum", so erklärt man bei Klosterführungen, hätten die Mönche eben diesen Ort gesehen. Der Kapitelsaal ist auch die Grablege der fürstlichen Förderer des Klosters. Einige Herrscher aus dem Haus der Babenberger haben hier ihre letzte Ruhe gefunden, so Leopold IV. und Leopold V., dazu Friedrich II. der Streitbare. Das 1295 fertiggestellte Brunnenhaus zeigt auf gotischen Glasfenstern Szenen aus dem Leben der Babenberger.

Ein charakteristischer gotischer Raum ist auch die „Fraterie" – die „Arbeitshalle" der Brüder, die hier allen möglichen Handwerken nachgegangen sein dürften. Vor allem aber kann man in Heiligenkreuz Theologie studieren, und bei aller Weltoffenheit gilt das Kloster als katholische Kaderschmiede.   *Krie*

Heiligenkreuz hat sich viel von seiner mittelalterlichen Substanz erhalten.

15 NIEDERÖSTERREICH

Richtig wahr, was Schönes

Der Semmering und seine Bahn

Jetzt wurde es finster. Draußen in der Nacht rauschte und toste es, als wären wir von gewaltigen Wasserfällen umgeben, und ein ums andere Mal hallten schauerliche Pfiffe. Wir reisten unter der Erde. – Zehn Vaterunser lang mochten wir so begraben sein, da lichtete es sich wieder, draußen flog die Mauer, flogen die Telegrafenstangen und die Bäume, und wir fuhren im grünen Tal. Mein Pate stieß mich an der Seite: „Du, Bub! Jetzt hebt's mir an zu gefallen. Richtig wahr, der Dampfwagen ist was Schönes!"

So beschreibt Peter Rosegger, wie er als Kind die damals ganz neu erbaute Semmeringbahn erlebte. Noch heute ist die Fahrt über die Gebirgsbahn, die zum Weltkulturerbe erklärt wurde, ein Genuss, und wer die Trasse mit ihren zahlreichen Viadukten von außen betrachtet, bewundert, wie perfekt sie sich der Landschaft anpasst, anstatt sie zu zerschneiden.

Was uns heute als ein Beispiel naturschonender Ingenieurskunst erscheinen will, ist in Wirklichkeit das Ergebnis von Zwängen, die die Pioniere des Bahnbaues vor über 150 Jahren zu meistern hatten. Man besaß damals weder die technischen Möglichkeiten, um lange Tunnels tief in den Berg zu treiben, noch konnte man es sich leisten, die Dämme und Einschnitte zum Ausgleich von Geländeunebenheiten, die mit primitivsten Mitteln erstellt werden mussten, zu lang oder zu hoch beziehungsweise zu tief werden zu lassen. Und bei alledem musste man Steigungen und Kurvenradien wählen, die von Lokomotiven noch zu bewältigen waren. Karl von Ghega als der leitende Planer löste das Problem mit einem eleganten Doppel-S, in dem sich die Trasse von Gloggnitz hinaufschwingt zur Passhöhe. Aber selbst damit trieb er den damaligen Lokomotivbau an seine Grenzen. Denn die Stahlrösser für den Semmering brauchten einerseits viele angetriebene Achsen, um die scharfen Steigungen bewältigen zu können, andererseits mussten sie kurvengängig genug sein, um mit den engen Bögen der Trasse zurechtzukommen. Noch mit den sechsachsigen Elektrolokomotiven der 1960er Jahre war es ein Fahren auf Verschleiß: Sowohl das Gleisbett wie die Fahrwerke der Lokomotiven litten unter den Kräften, die bei den kleinen Kurvenradien auftreten. Erst mit den starken Vierachsern unserer Tage hat sich das Problem entschärft. Doch heute lacht der Autofahrer, der auf der schnurgeraden Semmeringschnellstraße S 6 über den Pass braust, die langsam dahinkriechenden Züge aus, und die Bundesbahnen wünschen sich sehnlich einen Semmeringbasistunnel, um endlich wieder konkurrenzfähige Fahrzeiten zwischen Wien und Graz oder Klagenfurt zu erreichen.

Mit der Bahn kam auch der Tourismus auf den Semmering. Schnell wurde die Gegend an der Passhöhe mit ihrer gesunden Luft und ihren herrlichen Aussichtspunkten eine beliebte Sommerfrische für die Reichen und Schönen nicht nur aus dem nahen Wien. Das erste Luxushotel am Semmering baute der Betreiber der Eisenbahn, die Südbahngesellschaft, selbst. Doch sie hatte die Rechnung buchstäblich ohne den Wirt gemacht. Denn der erste Hotelpächter, Vinzenz Pan-

Tourismusbüro Kurverwaltung, Passhöhe 248, 2680 Semmering, Tel. 02664/20025, www.semmering.at
Informationszentrum im Bahnhof Semmering, www.semmeringbahn.at, geöffnet Mai bis Oktober, Auskünfte über das Tourismusbüro Semmering
Zau[:ber:]g Semmering Ski Resort, Zauberberg 1, 2680 Semmering, Tel. 02664/2575

Schöner als die schönste Modelleisenbahn: Viadukte der Semmeringbahn

hans, eröffnete bald seine eigene Nobelherberge auf dem Semmering und wurde zum schärfsten Konkurrenten des „Südbahnhotels". Auf lange Sicht war sein Betrieb der erfolgreichere: Denn das „Panhans" ist heute, nach einer lang anhaltenden Krise, wieder ein Nobelhotel. Der schlossartige Neubau des Südbahnhotels, der in der Substanz im Wesentlichen aus den Jahren 1903 bis 1913 stammt, ist zwar erhalten, allerdings zweckentfremdet: Er ist jetzt Theaterspielstätte der Festspiele von Reichenau an der Rax, die jedes Jahr von Juli bis Anfang August stattfinden.

Wer es sich leisten konnte, baute sich am Semmering gleich seinen Zweitwohnsitz. So ist hier zwischen den 1850er Jahren und dem Ersten Weltkrieg eine Villenkolonie entstanden, die noch heute für den historisch interessierten Ausflügler manches sehenswerte Kleinod bereithält.

Auch sonst ist der Freizeitwert des Gebietes hoch: Im Sommer sorgen Wanderwege, Mountainbike- und Nordic-Walking-Strecken dafür, dass der Gast beschäftigt ist, im Winter gibt es mit dem „Zauberberg-Resort" am Hirschenkogel und einigen Langlaufloipen genügend Futter für alpine und nordische Skifans.

Und das Weltkulturerbe Semmeringbahn ist inzwischen auch zur Attraktion für notorische Nicht-Bahnfahrer avanciert: Auf dem 23 Kilometer langen „Bahnwanderweg" zwischen Semmering und Gloggnitz kann man die Trasse erkunden, ohne auch nur einmal einen Zug zu besteigen. *Ed*

NIEDERÖSTERREICH

16

Von Gämsen in Angst nur erklettert

Am Schneeberg

Während der Saison kommen regelmäßig die Dampflokomotiven der Schneebergbahn für Oldtimerzüge wieder zu Ehren.

Franz Grillparzer hatte offenbar ziemlich viel Respekt vor ihm. Er nannte ihn „König der Norischen Alpen" und stellte sich vor, er werde „von Gämsen in Angst nur erklettert". Es scheint, dass der Dichter bei diesen Worten über den Schneeberg in seine Gämsen etwas hineinprojiziert hat: Ist doch bekannt, dass er alles andere als schwindelfrei war, worüber sich sein Schriftstellerkollege Eduard von Bauernfeld etwas ironisch äußerte.

Die Wiener, die den mit 2076 Metern höchsten Gipfel Niederösterreichs – er ist gleichzeitig der östlichste Zweitausender in den Alpen – heute in großer Zahl „erklettern", zeigen jedenfalls meistens recht wenig Angst. Dafür aber umso mehr Anhänglichkeit. Denn bekanntlich gilt er als der Hausberg der Hauptstädter. Das liegt wohl weniger daran, dass man seine steilen, oft bis in den Sommer hinein schneebedeckten Nordhänge von Wien aus sehen kann. Vor allem nämlich wurde er frühzeitig verkehrstechnisch erschlossen.

Grillparzer konnte diese Bequemlichkeit leider noch nicht in Anspruch nehmen. Der Dichter starb 25 Jahre bevor die Schneebergzahnradbahn von Puchberg im Jahr 1897 ihren Betrieb aufnahm. Allerdings zeigten deren Erbauer ebenfalls durchaus Respekt vor den felsigen Flanken des Riesen und begnügten sich damit, die Schienen bis zur Station Hochschneeberg auf knapp 1800 Meter Höhe zu legen. Die übrigen Höhenmeter mussten und müssen bis heute zu Fuß überwunden werden. Wobei der Weg zum Gipfel nicht so schwer zu gehen ist, wie es vom Tal aus auf den ersten Blick aussehen mag. Wer nicht als Bergsteiger bewusst die Herausforderung des Kletterns sucht, kommt völlig unschwierig, wenn auch teilweise über felsiges Gelände, auf das Klosterwappen – so heißt die höchste Erhebung des Bergmassivs. Belohnt wird er mit einem sagenhaften Bergpanorama. Wobei der etwas niedrigere der beiden Schneeberggipfel, der dem Klosterwappen im Norden vorgelagerte Kaiserstein, die fast noch schönere Aussicht bietet. An klaren Tagen reicht der Blick bis zum Neusiedler See und in die ungarische Tiefebene.

Bevor man zur Rückfahrt nach Puchberg wieder in die Zahnradbahn steigt, kann man noch dem Elisabethkircherl einen Besuch abstatten. Es wurde in den Jahren

Tourismusbüro Puchberg, Sticklergasse 3, 2734 Puchberg am Schneeberg, Tel. 02636/2256-11, www.tiscover.at/puchberg-am-schneeberg
Niederösterreichische Schneebergbahn GmbH und **Schneeberg Sesselbahn GmbH,** Bahnhofplatz 1, 2734 Puchberg am Schneeberg, Tel. 02636/3661-20 bzw. 02742/36 099 099. Die Zahnradbahn hat von Ende Oktober bis etwa Mitte April Betriebsruhe, die Liftanlagen sind dann bei entsprechender Schneelage für Skibetrieb geöffnet.
Wasserleitungsmuseum Kaiserbrunn, Kaiserbrunn 53, 2651 Reichenau/Rax, Tel. 02666/52548, geöffnet Anfang Mai bis Ende Oktober Sa, So und an Feiertagen jeweils 10–17 h

1899 bis 1901 zur Erinnerung an Kaiserin Elisabeth errichtet.
Die Zahnradbahn fuhr übrigens bis zum Jahr 1999 ausschließlich mit Dampflokomotiven. Danach übernahmen moderne Dieseltriebwagen die Hauptlast des Betriebes. Allerdings hat man die alten Dampfer noch nicht zum alten Eisen geworfen und setzt sie während der Saison regelmäßig für Nostalgiezüge ein. Und wer dem Schneeberg statt von Nordosten vom Nordwesten zu Leibe rücken will, der kann inzwischen auch schon die Technik zu Hilfe nehmen. Denn von Losenheim bringt ein Sessellift den Besucher auf die „linke Schulter" des Schneebergs in immerhin 1200 Meter Höhe. Im Winter gibt es hier auch Skibetrieb.
Der Schneeberg ist übrigens nicht nur der Hausberg der Wiener. Er ist in anderer Hinsicht für sie geradezu lebenswichtig. Denn aus seinen Quellen kommt schon seit dem Jahr 1873 ein nicht unerheblicher Teil des Trinkwassers für die Hauptstadt. Damals wurde nämlich die erste Wiener Hochquellenleitung in Betrieb genommen. Durch sie fließt Wasser durch natürliches Gefälle von Kaiserbrunn im Höllental – der Schlucht südlich des Schneebergs – über rund 100 Kilometer, durch mehrere Stollen und über eine Reihe von Aquädukten, bis in die Donaumetropole. Diese erhielt auf diese Weise zum ersten Mal Trinkwasser in wirklich guter Qualität – vorher war es durch verschmutztes Wasser immer wieder zu Erkrankungen gekommen.
Wer sich über dieses hochinteressante Kapitel Technikgeschichte informieren möchte, sollte einen Ausflug ins wildromantische Höllental machen – dort dokumentieren das Wasserleitungsmuseum Kaiserbrunn und ein Wanderweg entlang der Leitung die Geschichte der Wiener Wasservorsorgung. *Ed*

Der Schneeberg – Grillparzer nannte ihn den „König der Norischen Alpen".

17 NIEDERÖSTERREICH

Im Barockhimmel

Stift Melk

Ein Kloster unmittelbar am Eingang in die Wachau, also sozusagen in der Pförtnerrolle zum prominentesten Weinbaugebiet in Österreich: Da erwartet man klostereigene Kellereibetriebe und solide Gewinne in den klösterlichen Bilanzen. Weit gefehlt! „Schon vor einem Vierteljahrhundert haben wir den Grundsatzentschluss gefasst, unsere Weinanbauflächen zu verpachten", erklärt Pater Wolfgang Mayrhofer, der lange Zeit über die Wirtschaft des Benediktinerstifts gewacht hat. „Die Weinwirtschaft hat sich nicht mehr rentiert."

Wieso das? Es hat mit der historischen Entwicklung der Stiftsbesitzungen zu tun. In der Zeit der Babenberger erhielten viele Klöster von den Markgrafen und Herzögen Grundbesitz fernab im Osten übertragen – nicht nur aus Großzügigkeit, sondern auch unter dem Aspekt der Grenzsicherung. Diese Entfernung schuf beträchtliche logistische Schwierigkeiten: „Gumpoldskirchen bei Wien, wo wir ausgedehnte Weingärten haben, ist schon gut hundert Kilometer vom Stift entfernt", erklärt Pater Wolfgang. Das hat die Eigenbewirtschaftung unrentabel gemacht.

Keine eigene Kellerei, keine Destillerie für Hochprozentiges – für die Liquidität in Melk sorgt primär der Tourismus, und das tut er gut: Um die 400 000 Besucher kommen jedes Jahr in das von der Lage her ohne Zweifel repräsentativste österreichische Kloster. Die beispiellos schöne Lage auf einem Hügel unmittelbar an einer leichten Windung der Donau und die einmalig günstige Position am Ost-West-Hauptverkehrsstrang Österreichs sichern dem Kloster einen Platz an der touristischen Sonnenseite. Kein Donaukreuzfahrtschiff kommt an Melk vorbei, ohne an der Anlegestelle festzumachen, und sowohl per Zug als auch über die Autobahn ist kaum ein Stift besser und schneller zu erreichen.

In Melk sind wir im historischen Zentrum Österreichs: 996 wurde erstmals in einer Urkunde der Name „Ostarrîchi" erwähnt, und damit war eben diese Region gemeint. Im Jahr 1089 ist das Stift Melk gegründet worden. Leopold I., 976 als Markgraf mit diesem Gebiet im heutigen Südwesten Niederösterreichs belehnt, machte die Burg in Melk zu seiner Residenz. 1089 übergab sie Markgraf Leopold II. Benediktinermönchen aus Lambach. Seither leben und wirken hier bis heute in ununterbrochener Folge Mönche nach der Regel des heiligen Benedikt. Schon seit dem 12. Jahrhundert ist eine Schule mit dem Kloster verbunden, und in der Bibliothek wurden wertvolle Handschriften gesammelt und angefertigt.

In der Ordensgeschichte ist die „Melker Reform" eine wichtige Zäsur: Nach dem Konzil von Konstanz (1414–18) war – auf Betreiben Herzog Albrechts V. von Österreich – die Rückkehr zu alten Idealen benediktinischen Lebens angesagt. Melk wurde damals in Hinblick auf die monastische Disziplin zum Vorzeigekloster. Nach und nach übernahmen fast alle Klöster im

---

Benediktinerstift Melk, Abt-Berthold-Dietmayr-Straße 1, 3390 Melk, Tel. 02752/555-0, www.stiftmelk.at
Stift Melk ist ganzjährig zu besichtigen (Stiftsmuseum, Bibliothek, Marmorsaal, Kirche). Von April bis Allerheiligen wahlweise mit oder ohne Führung (9–16.30 h, in den Sommermonaten bis 17.30 h), im Winter nur mit Führung (täglich 11 und 14 h).
Der Klosterladen bietet u.a. Stiftsführer in zwölf Sprachen, Bücher zum Grossteil im Eigenverlag, DVDs über das Stift Melk, CDs mit Musik, die hier aufgenommen wurde. Internationale Barocktage Stift Melk (zu Pfingsten, www.barocktage.at)
Anreise: A1 (Abfahrt Melk); Bahnstation Melk (15 Minuten Fußweg)

österreichisch/süddeutschen Raum diesen neuen Geist. Die Melker Patres hielten enge Verbindungen zu den Humanisten an der Wiener Universität, schließlich betraf die „Melker Klosterreform" ja nicht bloß das geistliche, sondern auch das gesamte geistige Leben.

Berthold Dietmayr – so hieß der Abt, unter dessen Ägide Stift Melk seine gegenwärtige Gestalt bekommen hat. In den Jahren zwischen 1702 und 1736 errichtete Jakob Prandtauer sein mächtigstes Bauwerk. Wer von der Autobahn aus hinüberblickt auf die Südfront des Komplexes, auf diese schier unendliche Fensterfront, bekommt einen Eindruck von der Kubatur dieses Klosterkomplexes. Aber die „Schauseite" ist natürlich jene zur Donau hin – und diesen Anblick genießen nicht bloß die Donaukreuzfahrer, sondern auch Tausende von Radfahrern. Denn hier beginnt schließlich die „Königsetappe" des Donauradwegs. Mit zuletzt 2700 Besuchern an vier Tagen sind die immer zu den Pfingstfeiertagen stattfindenden „Internationalen Barocktage Stift Melk" eines der maßgeblichen Barockmusikfestivals im Lande. Man vertraut nicht bloß auf das stilistisch passende Flair des Ortes, sondern offeriert österreichische und internationale Ensembles von Rang. Im Jahr 2008 feiern die Barocktage ihr dreißigjähriges Jubiläum. Aber eigentlich sind in Melk ja 365 Tage im Jahr Barocktage…

Krie

Die Fresken in der Stiftsbibliothek von Melk schuf Paul Troger (1698–1762).

NIEDER-ÖSTERREICH

Gottes Fingerzeig und Königs Kerker

Dürnstein in der Wachau

Nicht zu Unrecht gilt die Wachau als eine der schönsten Regionen Österreichs. Entlang der Donau reihen sich idyllische, von Mauern umgebene Orte auf, wo in gemütlichen Gasthäusern der heimische Wein ausgeschenkt wird.

Über den Dörfern und den sanften Weinbergen sieht man Burgen, befestigte Abteien und Wehrtürme, die von weniger friedlichen Zeiten künden, als die Wachau Grenzland und immer wieder Einfällen feindlicher Heere ausgesetzt war. Vor allem im 16. und 17. Jahrhundert hatte die Region sehr zu leiden, denn regelmäßig kam es zu Übergriffen türkischer Truppen. Auch Dürnstein blieb nicht verschont.

Heutzutage kommen die „Belagerer" in ungleich friedfertigerer Absicht, denn das kleine Städtchen gilt als der vielleicht berühmteste Ort der Wachau – zum einen wegen seines mittelalterlichen Stadtbildes mit den verwinkelten Gassen und den sehenswerten alten Häusern, die noch die Atmosphäre vergangener Jahrhunderte zu verbreiten scheinen, zum anderen wegen zweier herausragender Baudenkmäler.

Da ist zum einen, dicht an der Donau, ein hoher, weithin sichtbarer himmelblauer Kirchturm von barocker Pracht, der im Volksmund „Fingerzeig Gottes" genannt wird. Er gehört zur Pfarrkirche Mariä Himmelfahrt, die einst Bestandteil eines Augustinerchorherrenstifts war, das 1788 im Zuge der Säkularisation in Österreich auf Geheiß des antiklerikalen Kaisers Joseph II. aufgehoben wurde. Obwohl hier, im Gegensatz zu anderen Klöstern und Stiften, nie wieder Ordensbrüder einzogen, gilt das 1410 gegründete und Anfang des 18. Jahrhunderts zu einem barocken Meisterwerk umgestaltete Stift als einer der touristischen Magnete des kleinen Weindorfes.

Die Attraktion schlechthin ist jedoch die Burgruine hoch über dem Ort, die während des Dreißigjährigen Krieges von schwedischen Truppen gesprengt wurde. Rund fünfhundert Jahre hatte sie bis dahin uneinnehmbar auf ihrem Fels gethront. Die Kuenringer, ein Ministerialengeschlecht, das im frühen Mittelalter die Wachau und das Waldviertel zum Besitz erhielt, hatte sie Anfang des 12. Jahrhunderts begründet und mit der darunter liegenden Siedlung an der Donau durch eine Wehrmauer verbunden. So konnte man ungehindert in Raubrittermanier von den Flussschiffern Mautzahlungen eintreiben.

In die Zeit der „Hunde von Kuenringe", wie die Herren von Dürnstein ihrer rüden Manieren wegen auch genannt wurden, fällt jene Geschichte, die dem kleinen Ort unsterblichen Ruhm verleihen sollte: die Inhaftierung des englischen Königs Richard Löwenherz.

Dieser befand sich inkognito auf der Rückkehr vom dritten Kreuzzug, der wenig ruhmreich für ihn mit einem Patt geendet hatte anstatt mit der geplanten Vertreibung des osmanischen Sultans aus Jerusalem, als er in der Nähe von Wien entdeckt und fest-

---

Stadtgemeinde Dürnstein, Dürnstein 25, 3601 Dürnstein, Tel. 02711219, www.duernstein.at
Schiff: www.donaustationen.at
Chorherrrenstift geöffnet 1. April bis 31. Oktober

genommen wurde. Denn Richard, nicht nur tapfer, sondern auch undiplomatisch, hatte sich durch allerlei unbedachte Bündnisse den tiefen Groll des römisch-deutschen Kaisers Heinrich VI. zugezogen, der ihn durch seine österreichischen Gefolgsleute kurzerhand in Dürnstein festsetzen ließ. Die Kuenringer sorgten ein Jahr lang zuverlässig dafür, dass er ihnen nicht entwischte, bis Heinrich seine Überstellung nach Speyer anordnete.

Ob Richard wirklich seine Gefangenschaft auf der Burg verbrachte oder in einem anderen befestigten Gebäude, ist historisch nicht eindeutig zu klären. Doch sei's drum: Im Lauf der Jahrhunderte wob man die Legende vom eingekerkerten König auf der Burg, und die traurige Geschichte des edlen Ritters machte Dürnbach zum Tourismusziel Nummer eins, das heute noch Jahr für Jahr fast zwei Millionen Besucher anlockt.
Ni

Im Volksmund wird der himmelblaue Kirchturm von Dürnstein „Fingerzeit Gottes" genannt.

19 WIEN

Wien, Wien, nur du allein
Hauptstadt voller Geschichten

Jeder fünfte Österreicher ist Wiener, und Wien steckt voller Geschichte und Geschichten. Vieles, was diese Stadt ausmacht, hat eine lange Tradition. Wer weiß schon, dass der Christkindlmarkt auf das mittelalterliche Jahr 1294 zurückgeht oder die Fiaker schon seit 1693 in den Straßen der Hauptstadt Dienst tun? So manche Frage kommt einem in den Sinn, wenn man Wien und die Wiener kennenlernt. Wie haben sich über die Jahrhunderte das abrupt schwankende Wetter und der beständige Wind auf das Gemüt der Menschen ausgewirkt? Gibt es vielleicht einen Zusammenhang zwischen dem steten Bedrohungsgefühl aus Türkenkriegen und Grenzlage und der engen Verbundenheit der Wiener mit ihrem Heimatbezirk? Warum hat die Stadt unter allen Metropolen der Welt den höchsten Anteil an Häusern, die älter als 75 Jahre sind? Und woher kommt die große Freude an Kunst und Kultur, die die Wiener scheinbar mühelos in ihren Alltag einfügen?

Mehr als 250 Jahre regierte das Geschlecht der Babenberger, die von 946 an als Markgrafen und Herzöge in Österreich herrschten und mit denen die eigentliche Geschichte der Donaumetropole beginnt. Sie machten Wien zur Residenzstadt und markieren den Beginn einer wechselvollen Geschichte. Ihre Farben zieren übrigens noch heute die Fahne des Landes.

Wien hält eine Fülle kurioser und großartiger Sehenswürdigkeiten bereit: Von Schloss Schönbrunn über den Stephansdom bis zur Kapuzinergruft, von der Hofburg über den Naschmarkt bis zur Karlskirche und vom Haus der Musik über den Belvedere bis zum Zentralfriedhof gibt es hier einiges zu entdecken. *DBG*

Über 200 000 glasierte Ziegel schmücken das Dach des „Steffl".

Stephansdom
Ein guter Ausgangspunkt für einen Rundgang durch die Innenstadt im zentralen

Kleine Pause für diesen Fiaker auf dem Heldenplatz vor der Hofburg

WIEN

1. Bezirk ist der Steffl, wie die Wiener ihr Wahrzeichen liebevoll nennen. Als Bischofssitz und Metropolitankirche des Erzbischofs von Wien hatte der Dom schon immer eine besondere Bedeutung für die Stadt und war zugleich wegweisend für ganz Österreich-Ungarn, denn keine Kirche im Reich durfte höher sein als der Südturm, nämlich 136,4 Meter. Das auffällige Dach besteht aus über 200 000 glasierten Ziegeln; nach dem Krieg hat der österreichische Bundesadler darauf den Doppeladler von 1831 abgelöst.

Den Nordturm plante man so gewaltig, dass darin eine Jahresproduktion an Wein als Bindemittel verbaut worden sein soll. Zwar blieb er unvollendet, beherbergt jedoch die „Pummerin", mit über drei Metern Durchmesser immerhin die drittgrößte Glocke Europas, doch nur eine von insgesamt 22 im Stephansdom.

In der Turmhalle mag der Besucher die auffällige Sitzhaltung des „Zahnwehherrgotts" belächeln. Doch Vorsicht, denn so mancher soll das schon mit üblen Zahnschmerzen bezahlt haben.

Eine ausgeklügelte Zahlensymbolik steckt in vielen Details des Baus, doch er hatte auch ganz praktische Seiten. Viele Jahrhunderte beherbergte der Stephansdom die städtische Feuerwache, denn von hier aus hatte man damals schon den besten Blick auf die ganze Stadt. *DBG*

Hofburg

Die Babenberger legten im 13. Jahrhundert die Hofburg an, die von 1438 bis 1583 und von 1612 bis 1806 die Residenz der Könige und Kaiser des Heiligen Römischen Reiches war. Von 1533 an, als Ferdinand I. seine Hofhaltung und die Hofämter nach Wien verlegte, haben alle Habsburger in der Burg residiert, zwischen 1806 und 1918 als Kaiser von Österreich.

Der Name Hofburg allein lässt kaum vermuten, dass es sich um einen riesigen Gebäudekomplex handelt, der viele verschiedene Einrichtungen beherbergt. Hier ist die Österreichische Nationalbibliothek mit dem hohen barocken Prunksaal untergebracht; man kann die ehemaligen Kaisergemächer von Kaiserin Sisi und Kaiser Franz Joseph I. besichtigen, und im Schweizerhof werden gar die Reichskleinodien und Reliquien des Heiligen Römischen Reiches Deutscher Nation verwahrt, ein Schatz von unermesslichem historischem Wert.

Außerdem ist die Anlage Heimat der berühmten Spanischen Hofreitschule des Lipizzanergestütshier untergebracht,, in der Hofburgkapelle singen allsonntäglich die Wiener Sängerknaben, und nicht zuletzt befinden sich im Leopoldinischen Trakt die Amtsräume des österreichischen Bundespräsidenten, die sogenannte Präsidentschaftskanzlei. *DBG*

Karlskirche

Als die Karlskirche errichtet wurde, bot Wien ein ganz anderes Bild als heute. Der Bau stand außerhalb der heutigen Ringstraße und damit gewissermaßen auf freiem Feld vor der Stadt. Schon von Weitem muss er einen imposanten Anblick geboten haben. Die Vorderseite indes blickte zur kaiserlichen Hofburg, denn dieser Bau zeugte von Frömmigkeit und Macht gleichermaßen.

Eine prächtige ovale Kuppel wölbt sich in über 70 Metern Höhe über den Köpfen der Gläubigen und trennt durch ihre raffinierte Beleuchtung gleichsam Himmel und Erde. Das große Kuppelfresko stellt

---

Wien Tourismus, Tel. 01/24555, www.wien.info; Tourist-Info Wien, Wien 1, Albertinaplatz/Maysedergasse, hinter der Wiener Staatsoper
Stephansdom, www.stephansdom.at, wochentags finden je 8, an Feiertagen jeweils 11 Gottesdienste statt
Hofburg, www.hofburg-wien.at, Kaiserappartements, Sisi Museum, Silberkammer täglich geöffnet, September bis Juni 9 – 17.30 h, Juli und August 9 – 18 h
Karlskirche, www.karlskirche.at, geöffnet Mo bis Sa 9 – 12.30 h und 13 – 18 h, So u. an Feiertagen 12 – 17.45 h
Schloss Belvedere, www.belvedere.at, Oberes Belvedere geöffnet tägl. 10 – 18 h, Unteres Belvedere u. Orangerie tägl. 10 – 18 h, Mi 10 – 21 h

die drei Grundtugenden Glaube, Liebe und Hoffnung dar.

Die Kirche ist dem Pestheiligen und Kardinal Carlo Borromeo geweiht, der 1610 von Pius V. heiliggesprochen wurde. Zwar gab auch ein Karl sie in Auftrag, nämlich Karl VI., der Vater Maria Theresias, doch ging dies auf ein Gelöbnis aus dem Wiener Pestjahr 1713 zurück, als die Seuche über 10000 Menschenleben gefordert hatte. Mit dem Bau wurde einer der berühmtesten Barockbaumeister der Welt betraut, Johann Bernhard Fischer von Erlach, und er erschuf den vielleicht schönsten Barockdom nördlich der Alpen. Die Komposition der unterschiedlichsten Stilelemente ihrer Architektur hat diese Kirche berühmt gemacht: Ihr griechischer Tempelvorbau zwischen den minarettartigen Triumphsäulen, auf denen das Leben des Pestheiligen dargestellt ist, ergibt zusammen mit der ovalen Kuppel und den einzigartigen Malereien im Inneren ein harmonisches Ganzes. *DBG*

Die Karlskirche ist wohl der schönste Barockdom nördlich der Alpen.

19 WIEN

Schloss Belvedere

Prinz Eugen von Savoyen war zwar Franzose, als Feldherr unterstützte er aber die Habsburger gegen den Türkenansturm und wurde so etwas wie ein Volksheld Österreichs. Schon mit 25 Jahren war er Feldmarschall, dabei jedoch von wenig heldenhaftem Aussehen: Eher hässlich, klein und schmächtig wurde er allerdings von seinen Soldaten über alle Maßen geschätzt. Und er vollbrachte Großes nicht nur als Feldherr und Diplomat, sondern Obere Belvedere als Repräsentationsbau sowie das Untere Schloss zu Wohnzwecken bauen.

Nach einer Legende, die Hugo von Hoffmannsthal niedergeschrieben hat, soll Eugens afrikanischer Löwe, dem Prinzen einst vom französischen König verehrt, unruhig im Käfig hin und her gelaufen sein, weil sein Herr sich drei Tage nicht hatte sehen lassen. Am dritten Tag brüllte er frühmorgens so laut, dass der Wärter kam, um nach ihm zu sehen. Da hörte

Das Obere Belvedere beherbergt den berühmten Marmorsaal und diente Prinz Eugen vor allem zur Repräsentation.

auch als Mäzen. Eugen ließ prächtige Bauten errichten und besaß eine gewaltige Büchersammlung, die bis heute den Prunksaal der Österreichischen Nationalbibliothek füllt.

Die Arbeiten am Sommerschloss begannen 1714. Zunächst ließ der Bauherr einen großen Park anlegen, später das dieser in der Kapelle die Sterbeglocke: Der große Feldherr war gestorben. Man schrieb das Jahr 1736.

„Österreich ist frei", soll schließlich am 24. April 1955 Außenminister Leopold Figl ausgerufen haben, als er im Marmorsaal des Oberen Belvedere den Staatsvertrag unterzeichnet hatte. *DBG*

Naschmarkt

Was hat die österreichisch-ungarische Monarchie ausgezeichnet? Gewiss auch das Vielvölkergemisch, das sich in der Residenzstadt der Kaisers natürlich besonders bunt gezeigt hat. Zugezogene aus allen Kronländern, muslimische „Bosniaken" ebenso wie Slawen oder Juden aus Galizien, Zuwanderer aus Böhmen und Mähren, aus Ungarn und dem heute rumänischen Siebenbürgen: Man braucht nur wachen Sinnes durch Wien zu gehen, um sich die rasante Bevölkerungszunahme in der zweiten Hälfte des 19. Jahrhunderts vorstellen zu können. Wie sollte man diese vielen Menschen, die da im rasant sich ausweitenden Ballungsraum lebten, mit Grundnahrungsmitteln versorgen? Freilich, den „Naschmarkt" hat es schon früher gegeben. Im 16. Jahrhundert ist er als Aschenmarkt bekundet, wurde damals aber ein Stück stadteinwärts, vor der Karlskirche abgehalten. Wer nun darüber rätselt, was auf einem „Aschenmarkt" wohl verkauft worden ist, dem sei erklärt: Das mittelhochdeutsche „Asch" oder – im Wiener Dialekt – die „Aschen" war die Bezeichnung für einen aus Eschenholz hergestellten Milcheimer. Ein Milchmarkt also, auf dem die Bauern ihre Milchprodukte anboten. Schon im frühen 19. Jahrhundert wurde dann die Bezeichnung „Naschmarkt" üblich.

Auch diese Bezeichnung ist irreführend, denn es ging natürlich nicht um Leckereien, sondern um den täglichen Bedarf an Nahrungsmitteln. Eher schon deutet das Wort darauf hin, dass hier alle Nationalitäten im „Schmelztegel Wien" auf ihre Kosten kamen. „Ethno food" würde man heute sagen, und das ist bis in die Gegenwart so geblieben, denn nicht erst seit dem Fall des Eisernen Vorhangs ist Wien wieder das Ziel einer beträchtlichen Migration aus dem Osten. Ein Besuch bei den „Standlern" auf dem Naschmarkt, der sich seit 1919 vom Ende des Karlsplatzes den überdachten Wienfluss – daher die Adressen rechte beziehungsweise linke Wienzeile – hinaufzieht bis zur U-Bahnstation Kettenbrückengasse, ist da beinah so anschaulich wie ein Blick ins Wiener Telefonbuch mit seiner Vielfalt an „fremdländischen" Namen.

Die Düfte des Balkans und des Orients nehmen einen sofort gefangen. Gewürze, Obst und Gemüse, Backwaren aus aller Herren Länder gibt es dort! Auf schönere, kulinarischere Art „exotisch" ist Wien sonst nirgendwo. Preisgünstig sind die Einkäufe hier übrigens auch. Und es gibt natürlich nicht nur Zutaten, sondern auch Fertigprodukte, denn auch eine Reihe von Imbissstuben lädt zum Verkosten.

Nicht vergessen sollte man, der Architektur links und rechts des Naschmarkts gebührend Aufmerksamkeit zu schenken. Als man entlang des nun gedeckten Wienflusses repräsentative Wohngebäude errichtete, wurde der Historismus allmählich vom Jugendstil abgelöst. Die U-Bahnstation Kettenbrückenstraße trägt noch ganz die Handschrift des Architekten Otto Wagner. Wer den Naschmarkt von hier aus hinuntergeht und dann noch weiter über den Karlsplatz, zu den beiden ebenso prachtvollen wie zierlich wirkenden U-Bahnstationen – in einer ist neuerdings ein kleines Otto-Wagner-Museum untergebracht –, der gewinnt einen repräsentativen Eindruck von der Baukunst im Wien des Fin de siècle. Linke Wienzeile Nr. 38 und 40 – eine der ersten Adressen für Freunde des Wiener Jugendstils. Otto Wagner war auch der Architekt dieser beiden Häuser (darunter des berühmten „Majolikahauses" – es heißt so wegen des an der Fassade verwendeten Materials).

Kein Wunder, dass es hier besonders prachtvolle Jugendstilfassaden gibt: Schließlich hätte diese Route (und das war der eigentliche Grund für die Verbauung des Wienflusses) eine Prachtavenue von der Innenstadt zum Schloss Schönbrunn werden sollen; ihr hätte dann der Naschmarkt weichen müssen. Der Erste Weltkrieg und das Ende der Monarchie machten diesen Plänen ein Ende. Viele der Marktstände sind ihrerseits schon historisch und stammen noch aus der

19 WIEN

Gründungszeit des gegenwärtigen Naschmarkts (1919).

Doch zurück zum Markttreiben. Den ganzen Tag über kann man hier einkaufen, aber vormittags ist natürlich besonders viel Betrieb. Und am Samstag ist ein Naschmarkt-Besuch besonders empfehlenswert, weil dann ab der Kettenbrückengasse ein weitläufiger Trödelmarkt, Wiens größter Flohmarkt, abgehalten wird. Insider wissen, wo sie sich hinwenden: Stadtauswärts linksseitig sind die „fliegenden Händler".

Wen es interessiert: In Wien gibt es insgesamt 27 Märkte, auf denen (zum Teil unmittelbar von Bauern) überwiegend Lebensmittel angeboten werden. Ein großer Teil findet die ganze Woche über statt. Fünf dieser Märkte sind sogenannte „temporäre" Märkte, finden also nur an bestimmten Wochenentagen statt. *Krie*

Schloss und Tiergarten Schönbrunn

Wie war das, wenn ein Prinz oder eine Prinzessin krank wurde? Körperpflege und Hygiene entsprachen auch am Kaiserhof nicht unseren Maßstäben. Was passierte aber im Krankheitsfall? Das Ansetzen von Blutegeln – damals eine oft angewandte Methode der Heilkunst – mag Prinzessinnen und Prinzen ein ganz unstandesgemäßes Weinen entlockt haben. Kinder heute können sich da gut hineinfühlen, denn in der neuen interaktiven Erlebniswelt im Schloss Schönbrunn dürfen sie sogar selbst Blutegel ansetzen – aber natürlich nicht an sich selbst, sondern an einer Puppe.

„Schloss Schönbrunn erleben", ein brandneuer Schau- und Aktivitätsbereich für Kinder und Jugendliche im Westflügel des Schlosses, vermittelt vielfältige Eindrücke vom höfischen Leben. Etwa wenn es gilt, Kleiderpuppen den barocken Gewohnheiten entsprechend in mehreren Schichten anzuziehen. Im Rollenspiel werden die geheime Fächersprache und das kaiserliche Begrüßungszeremoniell erlernt. Mit Fächerzeichen „unterhielten" sich die Damen unauffällig mit den Kavalieren.

Wie wurde ein Prinz auf den Beruf „Kaiser" vorbereitet? Auf dem Arbeitstisch des künftigen Herrschers liegen ein Strategiespiel, ein Völkerquartett, aber auch ein Lehrplan, geschlechtsspezifische Lehrbücher, Prägestempel und vieles mehr. Von ihren Eltern hatten die Kinder Maria Theresias wenig. Die Distanz zur Herrscherin galt natürlich auch für sie. Womit spielten Prinzessinnen und Prinzen? Natürlich darf man hier das (nachgebaute) Spielzeug anfassen. Schließlich können die jungen Besucher den kaiserlichen Tisch decken und den richtigen Gebrauch der verschiedenen Tafelgeräte erlernen. Krönender Abschluss: in barocke Kleidung und damit wirklich in die „Rolle" adeliger Schlossbewohner zu schlüpfen. Eines ist gewiss: Die jungen Habsburger würden Augen machen, wenn sie jetzt den Zoo in ihrem Schlosspark sähen. Es ist der

---

Verkauf am Naschmarkt (Wienzeile zwischen Getreidemarkt und Kettenbrücke) findet Mo bis Fr 6–19.30 h, Sa 6–18 h statt. Flohmarkt immer Samstag 6.30–18 h.
Info: www.wien.gv.at/ma59/dez3/m59mae.htm, www.wiener-maerkte.at/, www.sammeln.at/maerkte/flohmarkt-wien.htm.
Anreise: Der Naschmarkt ist am besten mit der U4 (Station Kettenbrückengasse) zu erreichen, auch vom Karlsplatz (U1, U2) ist es nicht weit (an der Secession vorbei).
„Schloss Schönbrunn erleben" ist während des Schuljahres an Sonn- und Feiertagen, in den Schulferien täglich geöffnet, jeweils 10–17 h (Führungen 11, 14, 15.30 h). Voranmeldung empfohlen (reservierung@schoenbrunn.at).
Info: Tel. 01/81 113-239, www.schoenbrunn.at
Der Tiergarten Schönbrunn ist täglich ab 9 h geöffnet, die Sperrstunde schwankt je nach Jahreszeit zwischen 16.30 und 18.30 h.
Info: Tel. 01/8779294, www.zoovienna.at

älteste Tiergarten (gegründet 1752), der ohne Unterbrechung bis heute besteht. Die Kinder Maria Theresias haben manches exotische Exemplar leibhaftig zu sehen bekommen: Das Vogelhaus wurde 1752 errichtet, auch Greifvögel wurden schon von Anfang an hier gehalten. Antilopen sprangen in den neuen Gehegen. Der Zoogründer wollte aber keine Fleischfresser – wegen des Geruches, wie er in einem Erlass schrieb. Also kamen erst später (1781) Bären und einige Wölfe in die Menagerie. Zwei der historischen Bärenkäfige sind heute noch zu sehen. 1799 wurden erstmalig ein Tiger und zwei Leoparden angekauft. Als Geschenk der Prinzessin von Wales brüllte 1816 der erste Löwe in Schönbrunn. 1828 kam unter großer Anteilnahme der Bevölkerung die erste Giraffe nach Wien. Sie war ein Geschenk des Vizekönigs von Ägypten und löste einen wahren Modeboom à la Giraffe aus. 1856 war das erste Nashorn zu sehen, das erste Flusspferd traf 1909 in Schönbrunn ein.

Es lohnt sich, den „historischen Pfad" im Tiergarten zu gehen und darüber nachzudenken, wie einschneidend sich die Tierhaltung verändert hat. Um die Jahrtausendwende ist beinahe jedes Jahr ein großes Gehege erneuert und den realen Lebensbedingungen der jeweiligen Tiere angepasst worden: die Kleinaffenanlage mit den Affeninseln, das Großkatzenhaus für drei Katzenarten (Tiger, Geparde, Jaguare), das „lebende Museumshaus" Tirolerhof, ein neues Wolfsgehege. Die Elefanten haben ebenso neue Parks und Häuser bekommen wie Flusspferde, Koalas, Brillenbären und Nasenbären.

Die Eröffnung des generalsanierten Aquarien- und Terrarienhauses war spektakulär, ebenso jene des Regenwaldhauses. Der Zoo Schönbrunn ist jedenfalls einer der modernsten Tiergärten Europas. Die artgerechte Haltung entspricht strengsten Maßstäben.

Der Besucherzustrom ist gewaltig: Im Jahr 2000 überholte der Schönbrunner Tiergarten mit 1,6 Millionen Besuchern zum ersten Mal das benachbarte Schloss. 2002 zählte man 1,8 Millionen Gäste – das entspricht ungefähr der Einwohnerzahl Wiens.

Eine Anekdote am Rande: Die Sperrstunde wird seit 240 Jahren mit immer demselben weithin hörbaren „Kaiserglöckerl" von Hand eingeläutet, mit dem seinerzeit auch das Eintreffen des Kaisers und der Erzherzöge angekündigt wurde. *Krie*

Schloss Schönbrunn: Einst residierte hier die kaiserliche Familie – heute kann an gleicher Stelle jedermann eine Menge erleben.

20 BURGENLAND

Besuch bei Meister Haydn

Schloss Esterházy in Eisenstadt

Wenn man der Überlieferung glauben will, dann war es Sehnsucht nach Eisenstadt, die eine der bekanntesten Kompositionen Joseph Haydns inspiriert hat: die sogenannte Abschiedssymphonie. Denn im Jahr 1772 blieb Fürst Nikolaus Esterházy wieder ein-

Der Haydnsaal wird wegen seiner hervorragenden Akustik heute ebenso gern für Konzerte genutzt wie zu den Glanzzeiten der Fürsten Esterházy.

mal besonders lange in seiner Sommerresidenz am – heute ungarischen – Südufer des Neusiedler Sees. Es wurde schon Winter, und noch immer zeigte er keine Neigung, in sein Stammschloss nach Eisenstadt zurückzukehren. Die Musiker der fürstlichen Kapelle murrten. Für sie bedeutete der Aufenthalt auf diesem Außenposten auch, dass sie von ihren Familien getrennt waren – denn Frau und Kind hatten in dem Wohnhaus, das der Fürst für die Musiker errichtet hatte, keinen Platz. Die neue Symphonie, die Haydn in diesen Tagen zur Aufführung brachte, war ein Werk mit einer Grundtonart in Moll, fis-Moll, und erregten Stimmungen. Aber das Unerhörte passiert an dem Punkt, an dem in einer normalen Symphonie aus dieser Zeit Schluss wäre: Hier setzt plötzlich noch einmal ein langsamer Satz ein, bei dem ein Instrument des Orchesters nach dem anderen zu spielen aufhört. Den Schlussakkord – in Moll – markieren nur noch zwei einsame Geigen. Die Musiker sollen noch während des Satzes einer nach dem anderen ihr Instrument genommen und den Saal verlassen haben. Der Fürst hat diesen musikalischen Wink mit dem Zaunpfahl denn auch verstanden und ist nach Eisenstadt zurückgekehrt. Nach Eisenstadt, das sein Großvater Paul I. Esterházy zum glanzvollen Zentrum eines wahren Imperiums gemacht hatte, denn die Familie gehörte damals zu den begütertsten im ganzen Reich. Seine alte Burg in Eisenstadt hatte er zu einer prächtigen barocken Schlossanlage ausgebaut, bei der nur noch der Grundriss und die vier mächtigen Ecktürme die Herkunft von einer mittelalterlichen Stadtburg erkennen ließen. Für die Planung hatte der Fürst Carlo Martino Carlone gewonnen, der etwa zu der gleichen Zeit auch am Leopoldinischen Trakt der Hofburg in Wien arbeitete. Das Ergebnis dieses ehrgeizigen Bauprojekts war die Welt, in der Haydn und seine Musiker von 1761 bis 1790 – wenn auch seit 1767 nur noch in der schlechten Jahreszeit – wirkten. Dazu gehörte ein Konzertsaal mit reichem barocken Freskenschmuck, der vor allem auch eine hervorragende Akustik besaß – eine Akustik, auf die man noch heute in Eisenstadt stolz ist. Denn dieses Prunkstück hat –

Schloss Esterházy, 7000 Eisenstadt, Tel. 02682/719-3000, www.schloss-esterhazy.at, geöffnet 15. März bis 11. November täglich 9 – 18 h, 15. November bis 30. Dezember Fr bis So und an Feiertagen 9 – 17 h

Schloss Esterházy war einst die Residenz eines mächtigen Fürstengeschlechts und die Wirkungsstätte von Joseph Haydn.

wenn auch mit einigen Zutaten aus späteren Umbauten – die Zeiten überdauert und ist als „Haydnsaal" nicht nur der Höhepunkt jeder Führung in Schloss Esterházy, sondern wird nach wie vor gern für Konzertveranstaltungen verwendet. Es ist natürlich besonders reizvoll, wenn man hier Werke hören kann, die an gleicher Stelle schon ihre Uraufführung erlebt haben. Bei einer Reihe von Instrumentalkompositionen Haydns ist das zweifellos der Fall. So ist es für den echten Haydn-Verehrer ein Gänsehauterlebnis, wenn er – etwa im Rahmen der immer im September stattfindenden Haydn Festspiele Eisenstadt – während des Konzerts die Anwesenheit des Meisters in diesen Mauern fast noch zu spüren glaubt.

Der Rundgang im Schloss führt außerdem noch in eine Reihe von prächtigen Repräsentationsräumen. Nicht alle stammen sie aus der Barockzeit, denn die Anlage wurde Anfang des 19. Jahrhunderts unter Fürst Nikolaus II. noch einmal grundlegend umgestaltet. Die zwei chinesischen Salons, deren Ausstattung wiederum aus dem 18. Jahrhundert datiert, erinnern uns daran, dass intensive Handelsbeziehungen nach Fernost keine Spezialität des beginnenden 21. Jahrhunderts sind. Und in der Schlosskapelle können die Haydn-Fans noch einmal aufhorchen: Hier befindet sich eine Orgel, die aus einer Zeit stammt, die der Meister noch erlebt hat: nämlich aus dem Anfang des 19. Jahrhunderts. *Ed*

21 BURGENLAND

Ein Hauch von Puszta
Der Neusiedler See

„Hinter Wien fängt der Balkan an", hat man früher gerne ein wenig geringschätzig gesagt. Auch wenn das weder geografisch noch geopolitisch stimmt, so ist doch unverkennbar, dass sich das Bild der Landschaft verändert und nichts mehr an die vorwiegend alpenländisch geprägten Regionen Österreichs erinnert. Hier beginnt die Ungarische Tiefebene, flach und endlos weit bis zum Horizont.

Ursprünglich gehörte das gesamte Burgenland zum ungarischen Teil der Donaumonarchie und fiel erst nach deren Auflösung im Gefolge des Ersten Weltkriegs wegen seiner überwiegend deutschsprachigen Bevölkerung an Österreich. Auch die Menschen am Neusiedler See, dem Herzstück des Burgenlands, kamen einst aus dem süddeutschen Raum. Sie wurden ins Land geholt, nachdem die magyarische Bevölkerung durch Mongoleneinfälle stark dezimiert und die Gegend verwüstet worden war: Neusiedl – die Stadt der neuen Siedler. So kam auch der See zu einem neuen und schöneren Namen; die ungarische Bezeichnung bedeutet nämlich schlicht und ergreifend „Sumpf".

Nomen est omen. Der Neusiedler See, einer der wenigen Steppenseen Europas, weist bei fünfunddreißig Kilometern Länge und fünf bis fünfzehn Kilometern Breite nur eine Tiefe zwischen einem und zwei Metern auf. Folglich ist die Verdunstung extrem hoch und der Wasserspiegel extrem schwankend. Alte Annalen berichten sogar davon, dass es Jahre gab, in denen er fast ganz ausgetrocknet war. Was dann übrig blieb, war eben Sumpf. Ein reguläres Sumpfgebiet gibt es auch heute noch im sogenannten Seewinkel an der Grenze zu Ungarn, auf dessen Territorium ein Fünftel des Sees liegt. Es ist durchzogen von etwa vierzig kleinen und kleinsten, stark salzhaltigen Wasserflächen, die hier Lacken heißen.

Auch hat der Neusiedler See einen höheren Salzgehalt als andere Gewässer, was dazu führt, dass er sich im Sommer schnell erwärmt, und so ist es kein Wunder, dass sonnenhungrige und badelustige Hauptstädter in Scharen ans „Meer der Wiener" strömen, gefolgt von Seglern und Surfern, für die der windige See das reinste Eldorado ist. Motorboote sind dagegen verboten. Allerdings war es anfangs schwierig, überhaupt ans Wasser zu kommen, denn der See ist, mit einer Ausnahme bei Podersdorf, von einem bis zu fünf Kilometer breiten Schilfgürtel umstanden, auch das eine Besonderheit, die den touristischen Reiz ausmacht und Naturliebhaber ins Schwärmen geraten lässt, weil sie hier eine einzigartige Artenvielfalt an Pflanzen und Tieren finden. Nicht umsonst wurde der See zum Nationalpark erklärt, in Österreich ebenso wie in Ungarn.

Tourismusplaner sind erfindungsreich. Um den Zugang zum See zu ermöglichen, ohne den Schilfgürtel zu zerstören, wurden kilometerlange Fahrdämme durchs Schilf geführt, sodass schließlich jeder das bekam, was er wollte. Die einen Natur, die anderen gut ausgestatte Strandbäder mit allem Drum und Dran. In Neusiedl gibt es zudem Segel- und Surfschulen, und in Mörbisch lockt eine Seebühne mit Operettenaufführungen.

Viele der Orte am See verraten mit ihrer Bauweise die lange Zugehörigkeit zu Ungarn, wie das romantische Mörbisch mit seinen landestypischen Laubenhäusern und

Neusiedler See Tourismus, Obere Hauptstr. 24, 7100 Neusiedl am See, Tel. 02167/8600, info@neusiedlersee.com

den langen Hofgassen. Oder die idyllischen Dörfer im Seewinkel, die mit ihren schilfgedeckten Bauernhäusern auch in der Puszta stehen könnten – allen voran Illmitz, das man auch die „heimliche Hauptstadt des Seewinkels" nennt.

In fast allen Orten wird in Kellern, Gasthäusern und Höfen der Wein der Region kredenzt, der aufgrund des milden, sonnigen Klimas äußerst süffig ist. Besonders bekannt als Weinort ist Rust, wo man aus dieser Vorliebe kein Hehl macht. „Mir ist recht, wenn ich bin voll" steht in Stein gemeißelt am Rathauskeller. Doch bevor man sich dem Weingenuss hingibt, sollte man die pittoreske Altstadt besichtigen, die herausgeputzten Bürgerhäuser, die Innenhöfe mit den gedeckten Stiegenaufgängen und Arkaden, die von einer Wehrmauer umgebene Fischerkirche. Ebenfalls zum Stadtbild gehören die zahlreichen Storchennester auf den Dächern, denn für Freund Adebar muss das Schilf- und Sumpfgebiet ein wahres Paradies sein.

Ein hübscher Weinort ist auch Purbach, dessen gut erhaltener Mauerring mit mächtigen Toren an die Zeiten der Türkenkriege erinnert. Damals war die Gegend für die auf Wien vorrückenden Heere des Sultans praktisch Aufmarschgebiet. Einer dieser Türken wurde zum Wahrzeichen des Ortes. Angeblich verschlief er den Abmarsch seiner Kameraden in einem Keller, wollte sich vor aufgebrachten Bürgern durch den Kamin in Sicherheit bringen, blieb jedoch stecken und wurde gefasst. Weil ihm die Purbacher nichts taten, soll er aus lauter Dankbarkeit zum Christentum übergetreten sein. Die hübsche Legende berichtet übrigens auch, warum er verschlafen hatte – wegen zu viel Wein natürlich!

Ni

Ein windiger Tag am Neusiedler See – eine Freude für Segler und Surfer!

22 STEIERMARK

Bei Österreichs Patronin

Mariazell

Papst Benedikt XVI., der bei seiner Pilgerreise 2007 die Goldene Rose als besondere Auszeichnung nach Mariazell brachte, ist vielleicht der prominenteste der über eine Million Pilger, die sich jährlich auf den Weg in den Wallfahrtsort machen, um in der berühmten Gnadenkapelle den Beistand der Muttergottes zu erbitten. Bereits seit mehr als achthundert Jahren ist die Wallfahrtsstätte für die Gläubigen ein Ort besonderer spiritueller Kraft.

Im Jahre 1157 wurde der Legende zufolge der Benediktinermönch Magnus aus dem nahe gelegenen Stift St. Lambrecht in die Gegend um Mariazell geschickt, um den dort lebenden Menschen das Wort Gottes zu verkünden. Kurz bevor der Pater jedoch seine zukünftige Wirkungsstätte erreicht hatte, versperrte ihm ein Felsbrocken den Weg. Als der erschöpfte Mönch daraufhin die Statue der Muttergottes, die er mit sich führte, auf dem Felsen abstellte, ereignete sich das Wunder: Der Gesteinsbrocken spaltete sich genau in der Mitte und gab dem Gottesmann den Weg frei. Magnus stellte daraufhin die Statue in einen Baumstrunk, nicht weit von dem sogenannten Ursprungsfelsen entfernt, und errichtete darüber eine kleine Zelle, die ihm als Kapelle und auch als Schlafstätte diente. Daher der Name des Wallfahrtsortes Mariazell, der schlichtweg „Maria in der Zelle" bedeutet. Dieses Gnadenbild, die „Magna Mater Austriae", eine spätromanische Statue aus Lindenholz, befindet sich heute noch an dieser Stelle. Sie gilt als Schutzpatronin Österreichs. Gnadenbild und Gnadenkapelle bilden das religiöse Zentrum der Basilika Mariazell, die mit ihren drei fast 90 Meter hohen Türmen aus verschiedenen Epochen eine architektonische Besonderheit darstellt. Der Bau der Kapelle geht auf den ungarischen König Ludwig I. zurück, der nach einer gewonnenen Schlacht gegen ein zahlenmäßig weit überlegenes türkisches Heer im Jahr 1363 so der Muttergottes für ihren Beistand dankte. Der Sage nach entdeckte der ungarische Herrscher am Morgen vor der Schlacht ein Bildnis Marias, das sich eigentlich auf seinem Hausaltar befunden hatte, auf seiner Brust und wertete dies als Zeichen himmlischen Beistandes. Nach dem Bau der Kapelle schenkte Ludwig der Andachtsstätte dieses Bildnis, das als sogenanntes Schatzkammerbild heute zu den wertvollsten Votivgaben Mariazells gehört. Ein Steinrelief mit den Büsten des erfolgreichen Feldherren und seiner Frau erinnern noch heute im Inneren der Gnadenkapelle an die großzügigen Erbauer.

Doch Felsenspaltung und militärischer Beistand sind nur zwei der zahlreichen Wunder, welche die Muttergottes in Mariazell vollbracht haben soll. So erzählt die Legende von der wundersamen Heilung des mährischen Markgrafen Heinrich, der, ebenso wie seine Gattin, an schwerer Gicht litt. Als keine Heilung mehr möglich erschien, hatte der Markgraf einen Traum, der ihn dazu ermutigte, die Hilfe der heiligen Muttergottes von Mariazell zu suchen. Da das markgräfliche Ehepaar jedoch die Strecke nicht kannte, soll sogar der heilige König Wenzel

---

Wallfahrtskirche Basilika Mariazell, Benedictusplatz 1, 8630 Mariazell, Tel. 03882/25 95, www.basilika-mariazell.at
Verschiedene Mariazeller Pilgerwege finden sich unter: www.oeav.at/weitwanderer
Monatliche Veranstaltungen sind über die Homepage der Wallfahrtskirche erfragen.
Tourismusverband Mariazeller Land: Tel. 03882/23 66, www.mariazell.at

persönlich vom Himmel herabgestiegen sein, um den beiden den Weg zu dem Gnadenort zu weisen. Tatsächlich wurden die beiden durch ihre Pilgerfahrt nach Mariazell im Jahr 1200 geheilt und errichteten zum Dank eine erste Kirche aus Stein, die heute allerdings nicht mehr existiert.

In früheren Zeiten dürfte der eine oder andere Pilger die Reise nicht ganz freiwillig unternommen haben, war eine Wallfahrt nach Mariazell doch einst eine strafrechtlich verhängte Buße für kleinere Vergehen. Trotzdem – oder gerade deswegen – ist Mariazell mittlerweile nicht nur die wichtigste Wallfahrtsstätte in Österreich, sondern zählt auch zu den bedeutendsten Kultorten in ganz Europa. Nicht nur die Basilika selbst, die seit 1907 den päpstlichen Ehrentitel Basilica minor und das dazugehörige Wappen führen darf, sondern auch die zahlreichen Kultstätten in der Umgebung, wie der „Ursprungsfelsen" oder die vierzehn Kreuzwegstationen auf dem Kalvarienberg, locken einen nicht enden wollenden Strom von Pilgern in die Steiermark. Auf dem Pilgerweg zwischen St. Sebastian und Mariazell werden die Gläubigen von fünfzehn Rosenkranzstationen begleitet, die auf einen Entwurf des Schweizer Baumeisters Domenico Sciassia (1600–1679) zurückgehen. Dieser erschuf auch die charakteristische Fassade mit den drei Türmen sowie die barocke Verzierung der Basilika.

Aus aller Welt finden Marienverehrer den Weg nach Mariazell. Pilgerten früher die Kaiser und Könige hierher, so sucht heute der eine oder andere Politiker spirituellen Beistand – was angesichts derzeit herrschender politischer Rat- und Hilflosigkeit vielleicht gar nicht das Schlechteste ist. *Brö*

Die Basilika von Mariazell ist die wichtigste Wallfahrtsstätte in Österreich.

23 STEIERMARK

Viel Kultur pro Quadratmeter

Die Grazer Altstadt

Die Hauptstadt der Steiermark liegt an der 444 Kilometer langen Mur und ist von Bergen fast umschlossen, nur nach Süden öffnet sich der Bergkessel. Funde belegen, dass das Grazer Feld schon in der Römerzeit intensiv landwirtschaftlich genutzt wurde. Etwa im 6. Jahrhundert besiedelten Slawen das Gebiet und errichteten bald darauf eine Burg („grad" oder „gradec" in slawischen Sprachen). Eine erste gesicherte Erwähnung fand der Ort 1140, 1245 erhielt er ein eigenes Wappen. Von 1379 an wird Graz Residenz der Habsburger, die von hier aus Innerösterreich regierten, bis der gesamte Hofstaat 1619 vor den Türken nach Wien fliehen musste. Die Grazer indessen blieben ihrer schönen Stadt treu – wie auch später: Als Napoleons Soldaten im Jahre 1809 mit der Sprengung der Festung begannen, kauften die Bürger Uhr- und Glockenturm frei und bewahrten sie so vor der Zerstörung. Die zum Weltkulturerbe gehörende Altstadt versammelt eine Fülle von Sehenswürdigkeiten auf kleinem Raum. Einen Rundgang beginnt man am besten im Zentrum. Denn der Hauptplatz unter der Weikharduhr ist für Besucher und Einheimische Treffpunkt Nummer eins. Man sollte Zeit mitnehmen, nicht nur, weil es hier unglaublich viele Dinge gibt, die einen Blick wert sind, sondern auch, weil Graz einfach hübsch ist und überall zum Verweilen einlädt. Der Hauptplatz und das Rathaus stammen aus der Gründerzeit, denn im 19. Jahrhundert hatte in Graz die Industrialisierung in voller Blüte gestanden; Fabriken, wurden gebaut, Hochschulen etabliert und die Infrastruktur entwickelt. In der Altstadt und sogar direkt in der Mur finden sich spannende Bauten, allen voran natürlich der Schlossberg. Der Aufzug auf den Schlossberg war lange umstritten, doch die Ernennung zur Kulturhauptstadt Europas 2003 brachte schließlich die Entscheidung. In 30 Sekunden saust der Besucher nun auf den Berg hinauf und umgeht damit insgesamt 260 Stufen. Die gesparte Zeit kann er in die Besichtigung des berühmten Grazer Wahrzeichens investieren. Der Uhrturm, mit 28 Metern um sechs Meter kleiner als der benachbarte Glockenturm, wurde schon um 1265 erstmals erwähnt, seine heutige Form erhielt er jedoch erst 1560. Die beherrschenden

Eine Berühmtheit: Der Uhrturm ist das vielleicht beliebteste Fotomotiv in Graz.

Graz Tourismus: www.graz.at oder www.graztourismus.at, Tel. 0316/8075-0
Schlossberg: Schlossbergbahn So bis Mi 10–24 h u. Do bis Sa 10–2 h, Schlossberglift: Tel. 0316/88 73 391

vier großen Zifferblätter wurden 142 Jahre später angebracht. Wer genau hinsieht, dem fällt auf, dass der vergoldete Minutenzeiger entgegen der Gewohnheit kleiner als der Stundenzeiger ist. Er wurde nachträglich zugefügt und zur Unterscheidbarkeit daher kleiner gefertigt. Drei Glocken beherbergt der Turm: die Stundenglocke, die Feuerglocke und die Armesünderglocke, die einstmals das Letzte war, das zur Hinrichtung Verurteilte auf dieser Erde hörten.

Vom Schlossberg aus hat man einen hervorragenden Blick auf weitere Höhepunkte der Stadt: das Mausoleum Ferdinands II. mit der Katharinenkirche – fertigstellt übrigens von einem weltberühmten Grazer: dem Barockbaumeister Johann Bernhard Fischer von Erlach –, die ehemalige Jesuitenuniversität, die Grazer Burg genannte Residenz der Habsburger mit einer spätgotischen Doppelwendeltreppe – und natürlich auf die Domkirche, die dem heiligen Ägidius geweiht ist. Ganz in der Nähe finden wir außerdem den Herzoghof, wegen seiner reich dekorierten Fassade auch „Gemaltes Haus" genannt, die Stadtpfarrkirche (ehemals Dominikanerkirche) und das Landeszeughaus, welches die größte mittelalterliche Waffensammlung Europas beherbergt.

Doch zurück zum Dom: Seine Silhouette prägt die sogenannte Grazer Krone, die *Skyline* von Graz. Kaiser Friedrich III. gab den Auftrag zu dem spätgotischen Bau, der etwa 1464 fertiggestellt wurde. Eine Besonderheit sind Reste von Fresken aus dieser Zeit, die man sonst nur noch selten bewundern kann. Überall ist Friedrichs Wahlspruch A.E.I.O.U. zu finden, für den es über 300 Deutungen gibt. Die gängigste lautet „Austria erit in orbe ultima" (Österreich wird im Erdkreis das letzte Land sein), wer jedoch eher dem Volksmund vertraut, mag sich vielleicht dieser Übersetzung anschließen: Also eigentlich ist's ohnehin unwichtig. Ob Friedrich das auch so gesehen hätte?   *DBG*

An kaum einem Ort finden sich so viele Sehenswürdigkeiten auf so kleinem Raum.

24 Spiegelbild des Universums

Schloss Eggenberg

STEIERMARK

Manche Menschen wundern sich, dass in unseren Tagen plötzlich wieder ein Streit darüber entbrannt ist, ob nun der Darwinismus als Erklärungsmodell unserer Welt wirklich der Weisheit letzter Schluss ist, oder ob, wie die sogenannten „Kreationisten" meinen, nicht doch ein „intelligentes Design" hinter der Schöpfung steckt, wie dieses in der Bibel gleichnishaft geschildert wird, oder ob gar die biblische Schöpfungsgeschichte wörtlich zu nehmen ist, wie christliche Fundamentalisten annehmen.
Ähnliche Meinungsverschiedenheiten gab es bereits 1625, und sie wurden mit wesentlich mehr Leidenschaft ausgetragen als heute – teilweise sogar mit Gewalt. Seit über hundert Jahren wusste man schon um die Existenz der Neuen Welt, die Seefahrer aller Länder brachten Jahr für Jahr aufregende Kunde aus den neu entdeckten und von Europäern erforschten Gebieten in die Alte Welt, und die Naturwissenschaften machten bahnbrechende Fortschritte. Der berühmte Astronom Kepler hatte eine Zeitlang in Graz unterrichtet. Das Wissen um die Kugelform der Erde und die Planetenbahnen hatte sich durchgesetzt. Zugleich wütete der Dreißigjährige Krieg, der als Religionskrieg begann und sich mit jedem Jahr mehr zu einer rein politischen Auseinandersetzung wandelte. Er verwüstete Mitteleuropa, besonders Deutschland, in einem bislang nicht gekannten Ausmaß und entvölkerte ganze Landstriche. Da konnte ein unermesslich reicher Adeliger, der vom evangelischen zum katholischen Glauben konvertiert war, im Fahrwasser der Gegenreformation schon auf die Idee kommen, die ins Wanken geratene Ordnung der Welt in seinem Palast in Architektur und Malerei auszudrücken.
Genau das tat Fürst Hans Ulrich von Eggenberg (1568–1634), im Dreißigjährigen Krieg ein Waffengefährte Wallensteins, in Graz ein Finanzier der Gegenreformation für Kaiser Ferdinand II.: Sein Palast, das Schloss Eggenberg, ist die bedeutendste Schlossanlage der Steiermark geworden.
Ab 1625 setzte der Palladio-Schüler Pietro de Pomis ein umfassendes mathematisches und allegorisches Programm um; er hat das Schloss zum architektonischen Spiegelbild des Universums gemacht.
Nicht weniger als 365 Außenfenster weist das Schloss auf – die Zahl der Tage, die das Jahr hat. 31 Räume gibt es in jedem Stockwerk – die maximale Zahl der Tage eines Monats. Vier Ecktürme symbolisieren die Jahreszeiten. Die 24 Prunkräume im zweiten Stock stehen für die Stunden des Tages, ihre 52 Fenster für die Wochen im Jahr. Acht Fenster hat der zentrale „Planetensaal". Rechnet man diese und die anderen Fenster der Prunkräume zusammen, kommt man auf die Anzahl der Minuten beziehungsweise Sekunden. Andere hintersinnige Zahlenspielereien in Architektur und Ausstattung führen zu den Wochentagen und zu manch anderem Zahlensymbol. Und vielleicht sollten die (einst) acht Tore der

---

Die Prunkräume im Schloss Eggenberg (Eggenberger Allee 90, 8020 Graz) sind ab Samstag vor Palmsonntag bis 31. Oktober in Führungen zugänglich: Di bis So und an Feiertagen um 10, 11, 12, 14, 15 und 16 h
Die Alte Galerie, **Münzkabinett und Lapidarium** sind von 30. März bis 31. Oktober, Mo bis So 10 – 17 h geöffnet, 1. November bis 31. Dezember, Mo bis So 10 – 16 h geöffnet.
Planetengarten: 1. April bis 31. Oktober, täglich 8 – 19 h, 1. November bis 31. März, täglich 8 – 17 h
Info: Tel. 0316/80 17 95 32, www.museum-joanneum.at
Anreise: Schloss Eggenberg liegt am westlichen Stadtrand von Graz; mit der Straßenbahn Linie 1 Richtung Eggenberg/UKH, Haltestelle Schloss Eggenberg (Ab Jakominiplatz ca. 20 Minuten). Von dort zehn Minuten zum Parkeingang.

Parkmauer auch an das himmlische Jerusalem erinnern …

Planeten und Tierkreis, Sternbilder und Elemente bestimmen das üppige mythologische Freskenprogramm im „Planetensaal". In diesem eindrucksvollen Gesamtkunstwerk hat ein Fürst sich und seine Welt dargestellt. Das gilt für die sechshundert Deckengemälde ebenso wie für die Landschaftsansichten an den Wänden der Beletage: ein barockes Potpourri der Weltgeschichte und der geografischen Besonderheiten.

In eine solche Umgebung passt gut ein „Planetengarten": Die Architektin Helga Maria Tornquist hat eine neue Anlage geplant, die auf demselben allegorischen Programm beruht, das dem Schloss zugrunde liegt. Sie spielt dabei mit einer aus der Renaissance stammenden Vorstellung, nach der den Planeten alle irdischen Erscheinungsformen – also auch Pflanzen, Farben und Formen – zugeordnet werden. So steht Merkur für Geist, Intelligenz und Kommunikation und gilt als Planet der Vermittler. Indifferent, beweglich, leicht sind die ihm beigeordneten Pflanzen: Leberblümchen, Buschwindröschen, Espen, Pappeln, Getreide oder Gras. Die feurige Welt des Planeten Mars ist ein Ort des Wettkampfs und der schieren Kraft. Energie, Kampf, Mut und Durchsetzungskraft symbolisieren sie. Da sind keine Duftblumen am Platz, sondern dornige, brennende Gewächse mit scharfem Geschmack oder Geruch: Berberitzenhecken und eine Armee aus spitzen Koniferen.

Venus ist die Gegenspielerin von Mars und verkörpert die Ideale der Liebe und Lust. Neben verschiedenen Symbolpflanzen, die seit der Antike mit der Liebesgöttin verbunden werden, ist es vor allem die Rose, welche für die Venus steht. Auch der Apfel der Versuchung wächst – wo sonst? – im Gartenraum der Venus. Poetische Gartenräume also unter dem Signum der sieben klassischen Himmelskörper Merkur, Mars, Venus, Sonne, Mond, Jupiter und Saturn. *Krie*

365 Außenfenster, 24 Prunkräume – der Bauplan von Schloss Eggenberg steckt voller astronomischer Anspielungen.

25 STEIERMARK

Ein Ort für Herz und Seele

Die Hundertwasserkirche in Bärnbach

Die St. Barbarakirche in Bärnbach hat eine einmalige Atmosphäre.

Eine Kirche muss schön sein, man muss sich in ihr geborgen fühlen, und es soll in ihr eine Atmosphäre herrschen, in der man eine Brücke zur Natur, zur Schöpfung und zu Gott findet (Friedensreich Hundertwasser über seine Kirche in Bärnbach).

Bärnbach Tourismus: www.baernbach.at, Tel. 3142/61550-0
Pfarrkirche St. Barbara: einstündige Führungen beim Pfarramt Bärnbach, Tel. 03142/62581 oder über kirche@baernbach.at
Anfahrt: von Graz kommend über die A9 und A2 zur Abfahrt Mooskirchen, danach auf der B70 über Voitsbach nach Bärnbach, von Wien aus über die A2, weiter wie oben

Eigentlich hieß er Friedrich Stowasser. Wer Latein gelernt hat, dem sagt der Name vielleicht etwas. Richtig, da gab es mal ein Wörterbuch mit diesem Namen, und der Autor ist in der Tat ein entfernter Verwandter des Künstlers. Letzterer galt schon früh als ein sehr kreativer Kopf, schlug wohl ebenfalls in einem Wörterbuch nach und übersetzte einfach die Vorsilbe „sto", was in vielen slawischen Sprachen hundert bedeutet. Er schuf so sein unverwechselbares „Hundertwasser", gleichsam ein Markenzeichen, das bis heute für die ganze Kunstauffassung steht. Doch ein neuer Nachname reichte ihm nicht; Tausendsassa Friedensreich Regentag Dunkelbunt waren die Vornamen die er zusätzlich annahm.

Hundertwasser wurde am 15. Dezember 1928 in Wien geboren. Sein Vater war Ingenieur und arbeitslos, wie so viele damals.

Friedrich sollte ihn nie wirklich kennenlernen, denn schon kurz nach dem ersten Geburtstag des Buben starb der Vater an einer Blinddarmentzündung. Die Mutter gab den Sohn zunächst an eine Montessori-Schule, wo er durch seinen besonderen Sinn für Formen und Farben auffiel. Obwohl Else Stowasser Jüdin war, blieb die Familie glücklicherweise vom Holocaust verschont, aber die Zeit der Naziherrschaft war für den jungen Friedrich traumatisch.

1948 legte er die Matura ab und ging für einige Monate an die Wiener Akademie für Bildende Künste. Von da an reiste er sehr viel umher: so nach Italien, Frankreich, Nordafrika und Japan. Es passt sehr gut zu seiner lebenslangen Reiselust, dass er auch unterwegs starb, nämlich am 19. Februar 2000 an Bord der „Queen Elisabeth 2".

Als Umweltaktivist und Aktionskünstler einerseits und Anhänger der konstitutionellen Monarchie andererseits prägte er einen ganz eigenen Stil, der ihn weltweit bekannt machte. Die gerade Linie war für ihn gottlos, denn sie komme in der Natur nicht vor, wie er meinte. Seine bisweilen sehr intolerante Haltung brachte ihm auch Kritik ein.

Hundertwassers Kunst ist ein Fest der Formen und Farben. Bunte Säulen, Wellenmuster aus Kacheln, organisch anmutende Figuren und Spiralen prägen seine Bilder und Gebäude.

Vor allem die Häuser haben Hundertwasser bekannt gemacht, er gestaltete insgesamt 37. Seine künstlerischen Überzeugungen fasste er 1958 in einem Manifest zusammen. Hier findet man unter anderem diese Aussage: „Man sollte den Baugelüsten des Einzelnen keine Hemmungen auferlegen! Jeder soll bauen können und bauen müssen und so die wirkliche Verantwortung tragen für die vier Wände, in denen er wohnt." Für Hundertwasser waren Wohnungen und Häuser keine festen Gebilde, vielmehr sollten sie von ihren Bewohnern ständig geformt und entwickelt werden.

Hundertwasser gestaltete nur eine einzige Kirche. Er selbst war getaufter Katholik, doch seine Stadtpfarrkirche Sankt Barbara in Bärnbach in der Steiermark weist über eine einzelne Religion weit hinaus. Der Künstler hat die Kirche mit zwölf Toren umgeben, die die großen Weltreligionen und Kulturen symbolisieren.

Von außen erkennt der Besucher gleich den typischen Hundertwasser-Stil: Bunt und fröhlich mit vielen humorvollen Details und spielerischen Elementen tritt der Bau dem Besucher entgegen und scheint zur reinen Lebensfreude einzuladen. Hundertwasser selbst beschrieb ihre Wirkung mit diesen Worten: „Die Kirche wurde so gestaltet, dass sie anziehend und einladend ist. Kommt zu mir! Hier ist es schön und gerecht. Eine festliche Kirche ohne Angst."

DBG

„Eine festliche Kirche ohne Angst" wollte Friedensreich Hundertwasser bauen.

26 STEIERMARK

Das große Hexeneinmaleins
Die Riegersburg

Am besten stellt man sich die Entstehung dieses imposanten Burgbergs so vor: Die Region war und ist stark vom Vulkanismus geprägt (aus diesem Grund reiht sich vom Burgenland über die Oststeiermark und auch in der benachbarten ungarischen Grenzregion ein Thermalbad ans nächste). Einst fauchte also auch an dieser Stelle ein Vulkan. Allmählich erstarrte das Magma im Inneren. Vulkanverstopfung! In langen Erosionsprozessen wurde der Berg drum herum abgetragen – und jetzt steht nur noch das Innenleben des vulkanischen Schornsteins da. In bizarrer Steilheit ragt der Basaltfelsen in die Höhe. Es lag nahe, sich hierher zum Schutz zurückzuziehen.

Von welcher Seite man sich dem imposanten Berg nun nähert: Jede „Schauseite" der Riegersburg hat ihre Eigenart. Der Basaltfelsen ist um einiges höher als die Hügellandschaft rundum, und so hat man einen weiten Rundblick: über landwirtschaftlich genutzte Täler, weite Wälder – und natürlich auf Weingärten. Man glaubt es ja kaum: Sogar oben auf der Burg ist Platz für einen Weingarten. Also waren auch die wackeren Verteidiger gegen die Türken nicht allein aufs Wasser aus der geradezu unergründlich tiefen Zisterne angewiesen. Der Burgführer wirft ein brennendes Stück Papier in den Brunnen, und die staunenden Burgbesucher können lange dem flackernden Licht nachschauen.

Die Riegersburg ist nie erobert worden. Am Standort einer slawischen Fluchtburg entstanden bereits im 13. Jahrhundert die Kernbauten der heutigen Anlage: die nördliche Burg Kronegg, nach 1122 erbaut, und die etwas jüngere, südliche landesfürstliche Burg Lichtencck. Im 16. Jahrhundert wurden die beiden Anlagen zusammengefasst, und es entstand die bedeutendste Grenzburg der Oststeiermark. Gerade als sich die Türken über Ungarn gegen Wien vorarbeiteten und auf Jahrhunderte die Grenzen der Habsburgermonarchie bedrohten, kam der Festung besondere strategische Bedeutung zu. Seit 1822 befindet sich die Riegersburg im Privatbesitz der fürstlichen Familie Liechtenstein.

Wie einst für die Türken schien die Riegersburg wegen des extrem steilen Fußweges vielen Touristen unbezwingbar. Neuerdings führt eine Schrägseilbahn an der Nordseite auf die Festung. In nur eineinhalb Minuten hat man's geschafft. Aber andererseits: Man bringt sich damit um das Burgerlebnis, denn der schweißtreibende Aufstieg vermittelt hautnah einen Eindruck, wie gut geschützt man in dem Bollwerk war. Die Wehrmauern mit Schießscharten sind zusammen drei Kilometer lang. Sieben Torgebäude und elf Basteien lassen auch heute noch die bewegte Vergangenheit erahnen.

Zu den Kostbarkeiten der Burg zählt der um 1600 erbaute imposante Rittersaal, wo

---

Die Riegersburg ist von Mai bis September von 9–17 h, April und Oktober 10–17 h geöffnet. Im Juli, August sowie an Sonn- und Feiertagen gibt es mehrmals täglich Führungen durch die aktuelle Ausstellung und das Hexenmuseum.
„WeinDUFTikum": April bis Oktober, Mo bis Sa 9 – 12 h und 13 – 18 h, So und an Feiertagen auf Anfrage
Info: Tel. 03153/8670, www.riegersburg.com
Anreise: Die Riegersburg liegt im südoststeirischen Hügelland etwa auf halbem Weg zwischen Feldbach und Fürstenfeld. Von Graz aus sind es 55 km. Vom Ort Riegersburg führt ein „Hexenzug" zur Talstation des Schrägaufzugs.

ein riesiger Kachelofen bei den ritterlichen Gelagen für die nötige Wärme sorgte. Dass es hier gelegentlich hoch herging, ist auf der Inschrift einer Butzenscheibe nachzulesen: Im Jahr 1635 gab es ein großes „Saufen", das vom 6. bis zum 26. April andauerte. Prost! Einprägsam auch der 1658 fertiggestellte Weiße Saal mit Stuckdecke, ein Meisterwerk des Frühbarocks.

Eine Burg für verwegene Haudegen? Die multimediale Ausstellung „Sagenhafte Riegersburg – Legendäre Frauen" erzählt zum Beispiel von der Burgherrin Elisabeth Katharina von Galler. Zu ihrer Zeit ist die Riegersburg zur heutigen Mächtigkeit ausgebaut worden. Eine andere charismatische Dame hier war die „Blumenhexe" Katharina Paldauf. Und damit sind wir endlich bei den Hexen: Der in den Alpenländern grassierende Hexenwahn forderte viele unschuldige Opfer. Bis zur Mitte des 18. Jahrhunderts wurden in der Steiermark rund dreihundert angebliche Hexen und Zauberer in Hexenprozessen verfolgt. Der einstige Besitzer der Riegersburg, Graf Johann Ernst Purgstall, zählte zu den prominentesten Hexenrichtern der Oststeiermark. Vor allem Außenseiter und Angehörige der ländlichen Unterschichten liefen Gefahr, mit den absonderlichsten Anschuldigungen belastet zu werden. Das Hexenmuseum im Kellergeschoss führt mit seinen Exponaten in dieses düstere und rätselhafte Kapitel der Landesgeschichte ein.

Im „WeinDUFTikum" erfährt man viel über das Reifen von Wein und Schnaps. Wie funktioniert ein altes Kellerschloss aus Holz? Vogelbeere, Marille, Kriacherl oder Birnenbrand – schauen hilft da nicht weiter, da muss die Nase her! Eine Multivisionsshow informiert über Geschichte, Brauchtum, Kult und Kunst, Magie und Aberglaube rund um den Wein, während eine speziell für dieses Museum konstruierte „Duftmaschine" Gerüche zu poetischen Bildern freisetzt.

Krie

Nahezu uneinnehmbar thront die Riegersburg auf ihrem steilen Basaltfelsen.

27 Literaten und Schatzsucher

Das Ausseerland

STEIERMARK

Auf den Wiesen stecken sie ihre viereckigen Tennisplätze aus und umstellen sie mit hohen, grauen Netzen. Von Weitem sind sie anzusehen wie ungeheuere Spinnennetze. Wer innen steht, sieht die Landschaft wie auf japanischen Krügen, wo das Email von regelmäßigen, feinen Sprüngen durchzogen ist: der blaugrüne See, der weiße Uferstreif, der Fichtenwald, die Felsen drüber und zuoberst der Himmel von der zarten Farbe wie die blassen Blüten von Heidekraut, alles das trägt die grauen feinen Vierecke des Netzes auf sich.

Der Journalist Ulrich Weinzierl hat wohl recht, wenn er feststellt, Altaussee habe die besten Werbetexter: nämlich Hugo von Hofmannsthal – von ihm stammen die eingangs zitierten Impressionen –, Jakob Wassermann, Arthur Schnitzler und Klaus Maria Brandauer. Zeitweise war der Ort im steirischen Teil des Salzkammerguts eine richtige Literatenkolonie. Nicht umsonst vergleicht der Schriftsteller Raoul Auernheimer den von hohen Bergen umgebenen Altausseer See mit einem riesigen Tintenfass, in das die im Kreis herumsitzenden Dichter ihre Feder tauchen. Der heutige Besucher kann dem auf dem Rundwanderweg „Via Artis" nachspüren, der im Kurpark von Altaussee startet und auf dem man eine ganze Reihe von Künstlerdomizilen kennenlernt. Nach dem „Anschluss" Österreichs an Nazideutschland war es mit der Literatenkolonie im Ausseerland vorbei. Raoul Auernheimer wurde nur durch eine Intervention der US-amerikanischen Diplomatie aus dem Konzentrationslager gerettet, sein Kollege Friedrich Torberg sehnte sich im kalifornischen Exil nach dem „bergumhegten Becken" des Altausseer Sees. Dafür brachte diese Episode der österreichischen Geschichte der Gegend um Aussee, Altaussee und Grundlsee eine andere Art von Berühmtheit ein, die durchaus kuriose Züge besitzt. Denn kurz vor Kriegsende ruderten SS-Männer mit einigen großen Kisten auf den Toplitzsee hinaus und kehrten ohne diese Kisten zurück. War da etwas Wertvolles versenkt worden? Oder Geheimdokumente? Jahrzehntelang wurde nun nach einem ominösen Nazischatz getaucht. Ein recht gefährliches Unterfangen, denn der Toplitzsee ist rund 100 Meter tief und besitzt in den unteren Wasserschichten keinerlei Sauerstoff. So verwittert oder verfault dort nichts, und ein Gewirr von bestens erhaltenen Baumleichen macht den Seegrund zum Labyrinth. Kein Wunder, dass es mehrere Todesfälle gab und seitdem das Tauchen in dem See nur noch per Ausnahmegenehmigung möglich ist. Trotz aller Anstrengungen blieben die Ergebnisse diverser Expeditionen mager: Außer Kriegsmaterial aus dem Zweiten Weltkrieg kamen bisher vor allem Unmengen gefälschter britischer Pfundnoten zutage – mit ihnen wollten die Nazis das britische Finanzwesen erschüttern. Im Jahr 2000 barg man eine Kiste von anderer Art aus dem

Beim Narzissenfest gibt es oft kunstvolle Figuren aus Narzissenblüten zu bestaunen.

Tourismusverband Ausseerland-Salzkammergut, Bahnhofstraße 132, 8990 Bad Aussee, Tel. 03622/54 040-0, www.ausseerland.at
Ausseer Kammerhofmuseum, Chlumeckyplatz 1, 8990 Bad Aussee, Tel. 0676/83 62 25 53, geöffnet 1. Juni bis 30. September täglich 10–12 und 15–18 h, Mai und Oktober Fr, So und an Feiertagen 10–12 sowie Di und Sa 16–18 h; weiters an einzelnen Tagen in der Oster- und Weihnachtszeit (zu erfahren auf den oben angegebenen Kommunikationswegen)
Informationen zum Narzissenfest: www.narzissenfest.at

Wasser. Gespannt öffnete man sie und fand – lauter Bierdeckel. Es wird kolportiert, dass da eine Bad Ausseer Stammtischrunde ihren Spaß mit den Schatzsuchern getrieben hat. So abgeschieden die Lage des Ausseerlandes scheint: Sein Hauptort Bad Aussee ist ganz zentral in Österreich. Denn hier lokalisiert man den geografischen Mittelpunkt des Landes. Der „Mittelpunktstein" im Kurpark des Ortes macht darauf aufmerksam. Dort erinnert auch das Erzherzog-Johann-Denkmal daran, dass der Habsburger hier sein Glück fand: Er verliebte sich in die Ausseer Postmeisterstochter Anna Plochl und brachte es fertig, eine „unstandesgemäße" Ehe mit ihr bei seiner Verwandtschaft in Wien durchzusetzen.

Aber auch schon in den Jahrhunderten vorher hatte Aussee gelegentlich hohen und höchsten Besuch. Im sogenannten Kammerhof am Chlumeckyplatz – einem der ältesten erhaltenen Profanbauten der Steiermark – nächtigte zweimal ein römisch-deutscher Kaiser: 1442 Friedrich III. und 1511 Maximilian I. Da der Kammerhof heute ein Museum ist, kann der „Kaisersaal", der auch kunsthistorisch eine Spezialität ist, von jedermann besichtigt werden.

Zum Schluss noch ein Tipp zur besten Reisezeit ins Ausseerland: Man sollte um Ende Mai hierherkommen. Dann wird nämlich das Narzissenfest gefeiert. Höhepunkte sind immer ein Auto- und ein Bootskorso, bei dem es fantasievolle Figuren aus lauter Narzissenblüten zu bestaunen gibt. Nur für eingefleischte Skisprung-Fans ist vielleicht der Winter noch interessanter: Denn am Kulm in dem kleinen Ort Tauplitz gibt es die größte Naturskiflugschanze der Welt, worauf man in der Region gebührend stolz ist. *Ed*

Seen und Berge prägen die Landschaft des Salzkammergutes – wie hier am Altausseer See.

28 Erwarte das Unerwartete

Stift Admont

STEIERMARK

Zum Hineinbeißen, wie sie da liegen, die Äpfel und Birnen, von denen unsereiner gar nicht ahnt, dass es sie überhaupt gibt – oder zumindest gegeben hat: „Gestreifter Süßling" heißt einer, „Rot-graue Kelch-Reinette" ein anderer und eine andere Frucht ist als „Weiße Herbstbutterbirne" ausgewiesen. Die Beschriftungszettelchen sind noch original, der Schauraum selbst ist modern gestaltet. 162 Äpfel und 60 Birnen hat der Benediktinerpater Konstantin Keller (1778–1864) naturgetreu in Wachs modelliert, und diese Kollektion, ein Wachsfigurenkabinett des steirischen Kernobstanbaus sozusagen, ist eine der besonders liebenswürdigen Facetten einer klösterlichen Museumslandschaft, die ihresgleichen sucht an Umfang, Qualität und Sinnesfreude.

„Erwarte das Unerwartete…", steht auf der Broschüre. Damit wird nicht zu viel versprochen. Drei hypermoderne Multimediaräume empfangen den Besucher und stimmen ihn mit den Mitteln von heute ein auf das Wie, Warum und Woher benediktinischen Lebens hier und überhaupt – ein denkbar scharfer Kontrast zum gleich danebenliegenden abgedunkelten, meditativen Raum mit den kostbaren mittelalterlichen Handschriften.

Was hat nicht alles Platz in dieser klösterlichen Museumserlebniswelt! Natürlich haben die Kunstbestände ihren eigenen Trakt bekommen.

Aber man hat sich bei der Konzipierung dieses Museums keineswegs auf „alte" Kunst beschränkt. Der Ehrgeiz ging dahin, auch der Gegenwartskunst den ihr gebührenden Raum zu bieten – und dabei den „profanen Bereich" durchaus nicht auszugrenzen. So lädt der Museumsleiter für diesen Bereich jedes Jahr im Rahmen des Programms „Made für Admont" Kunstschaffende ins Stift ein. Sie beobachten das Leben im Kloster, und aus dem Dialog mit den Mönchen ergeben sich neue Denkansätze, Zustimmung und Widersprüche – ortsspezifische" Kunst jedenfalls im Spannungsfeld zwischen sakral und profan. Malerei und Fotokunst sind Sammlungsschwerpunkte. „Kunstwerke bitte berühren" ist ein Angebot für Blinde – auch dafür schaffen zeitgenössische Künstler Originalwerke.

Ein weiterer Bereich in der Admonter Museums-Erlebnislandschaft gilt den naturhistorischen Sammlungen. Pater Gabriel Strobl (1846–1925) war Botaniker und ein unermüdlicher Insektensammler. 252 000 aufgespießte Insekten hat er im Laufe seines Forscherlebens zusammengetragen. Die Fliegensammlung hat beileibe nicht Fliegengewicht: Mit 75 000 Präparaten gehört sie zu den drei bedeutendsten in Europa. Die ausgestopften Tiere hat man in jenen altmodischen Schaukästen belassen, die Pater Strobl 1906 eingerichtet hat, als das Naturhistorische Museum des Stifts wieder-

Anziehungspunkt Nummer eins ist die Bibliothek, das „achte Weltwunder".

Stift Admont, 8911 Admont 1, Tel. 03613/2312-0, www.stiftadmont.at
Bibliothek und Museum: Mitte März bis Anfang November, täglich 10–17 h
Anreise: Pyhrnautobahn (A9/Abfahrt Ardning), von dort 10 km nach Admont. Von Nordosten über Amstetten, Weyer und St. Gallen. Von Osten über Eisenerz und das Gesäuse. Geheimtipp aus Süden: Ab Trieben über die Kaiserau-Bergstraße

eröffnet wurde – nachdem das einstige „Naturalien-Cabinet" beim großen Brand 1865 vernichtet worden war. Heimische und exotische Tiere, Mineralien, Herbarien – all die Exponate, teils mit historischem Flair dargeboten, teils in moderner Präsentation, zeugen von der Gelehrsamkeit der Mönche auch im naturwissenschaftlichen Bereich. Aber nach Admont, das 1074 vom Salzburger Erzbischof Gebhard gegründet wurde, fährt man vor allem der Bibliothek wegen. Vom „achten Weltwunder" war die Rede, nachdem dieser weltgrößte Büchersaal 1776 vollendet war, mit sieben Kuppeln, Fresken von Bartolomeo Altomonte und Figuren von Josef Stammel verschwenderisch ausgeschmückt ist. Der berühmte Teufel mit der Brille ist so etwas wie das künstlerische „Maskottchen". Mit dem Wunderbaren verbindet man die Admonter Bibliothek auch aus einem anderen Grund: 1865 brach ein verheerender Brand aus, dem fast die gesamte Klosteranlage zum Opfer gefallen ist. Nur die Bibliothek hat man retten können. Doch von Kunst lässt sich nicht leben. Das Geheimnis der finanziellen Potenz des Stiftes ist der Grundbesitz. Und auch da ist es nicht die Forstwirtschaft selbst, die den Segen bringt, sondern die nachhaltige industrielle und gewerbliche Nutzung ihrer Produkte wie etwa durch die Dielen- und Parkettfabrik „Stia" oder ein anderes klostereigenes Unternehmen, das Türen und Fenster produziert. Die Klosterfirmen kommen gemeinsam auf einen Jahresumsatz von weit über 100 Millionen Euro. Der Abt von Admont ist also durchaus ein „Industriekapitän", auch wenn er das natürlich so nicht formuliert haben will. „So tiefschwarz wie die Kutten der Mönche sind auch die Zahlen der Bilanz", urteilte unlängst eine österreichische Wirtschaftszeitung. *Krie*

Das Stift Admont ist gleichzeitig Kloster, Museum und Wirtschaftsbetrieb.

29 Österreichs Grand Canyon

STEIERMARK

Nationalpark Gesäuse

Die Szenerie ist wirklich beeindruckend: Vom Talgrund der rauschenden Enns scheinen die teilweise fast senkrechten Wände bis in den grau verhangenen Himmel zu reichen. Der Radfahrer, der an einem ruhigen Nachmittag die Straße Richtung Hieflau fährt, freut sich über die geringe Verkehrsdichte – so kann er sich ganz diesem Anblick hingeben. Gleichzeitig wünscht er sich aber, im Boot unterwegs zu sein, denn dann könnte er die Totale dieser „Symphonie aus Fels und Wasser" erleben, wie man das Gesäuse schon genannt hat.

Ein solcher Canyon, dessen Wände unmittelbar vom Flussufer bis über 1000 Meter und kurz dahinter zu den Gipfeln einer Reihe von Zweitausendern ansteigen, und das auf einer Länge von rund 15 Kilometern, hat in den Alpen Seltenheitswert. Die Entscheidung, ihn unter die strengen Schutzbestimmungen eines Nationalparks zu stellen, ist schon von daher gut nachvollziehbar.

Der „Weidendom" im Herzen des Nationalparks besteht aus lebenden Weidenruten.

Es kam aber noch etwas anderes hinzu. Die Enns hat auf ihrem Weg zwischen Admont und Altenmarkt bei St. Gallen ein beachtliches Gefälle – rund 170 Meter auf etwa 45 Flusskilometern –, und das regte die Fantasie der Stromerzeuger schon frühzeitig an. Bereits 1919 gab es Pläne für ein Großprojekt, bei dem man die Enns am Gesäuseeingang über einen Tunnel nach St. Gallen in einen künstlichen Speichersee ableiten wollte. Solche aus ingenieurwissenschaftlicher Sicht zweifellos gut durchdachten Projekte riefen aber auch Menschen auf den Plan, die das einmalige Naturdenkmal des Gesäuses unversehrt erhalten wollten. In dem Wettlauf hatten zwar die Stromerzeuger zunächst die Nase vorn; denn 1956 wurde ein Kraftwerk mitten im Gesäuse bei Gstatterboden in Betrieb genommen. Aber schon zwei Jahre später erklärte die steirische Landesregierung das Ennstal von Admont bis zur Landesgrenze zum Naturschutzgebiet. Der Weg bis hin zum heutigen Nationalpark war allerdings noch lang und steinig: Erst im Jahr 2002 waren die letzten Widerstände und rechtlichen Hürden überwunden. Der Nationalpark besteht nicht nur aus der tief eingekerbten Gesäuseschlucht. Auch die umgebenden Gesäuseberge, der Buchstein im Norden und die Hochtorgruppe im Süden, gehören dazu. Dank der großen Höhenunterschiede hat man es hier auf einer recht begrenzten Fläche mit einer Vielfalt sehr unterschiedlicher Lebensräume

Infobüro Nationalpark Gesäuse, Hauptstraße 35, 8911 Admont, Tel. 03613/21 160-20, www.nationalpark.co.at, Öffnungszeiten: Mai bis Oktober: Mo bis Fr 8–18 h, Sa 10–16 h, November bis April: Mo bis Fr 09–17 h (telefonisch ab 8 h)
Weidendom/Nationalpark-Erlebniszentrum (etwa 10 km östlich von Admont, direkt an der Abzweigung der Gesäuse-Bundesstaße 146 nach Johnsbach), Öffnungszeiten: Mai, Juni und September Sa, So und an Feiertagen, 1. Juli bis 15. September täglich, jeweils 10–18 h
Nationalparkpavillon Gstatterboden: Ausstellung geöffnet von Mai bis Oktober täglich 10–18 h; Gastronomie Mai bis Oktober täglich 9–22 h (durchgehend warme Küche)

zu tun: Außer dem Gebirgsfluss und seiner Umgebung gibt es ausgedehnte, vielfach an Steilhängen angesiedelte Bergwälder, Almflächen und vom Karst geprägte Hochgebirgslandschaften. Mit Stolz verweist man auf die sehr artenreiche Pflanzenwelt: Da die kalkigen Böden ein vergleichsweise gutes Nährstoffangebot bereitstellen, gedeiht hier manche Rarität. Die Biologen haben eine Reihe von sogenannten Endemiten nachgewiesen – das ist der Fachbegriff für Arten, die nur in einem bestimmten Gebiet vorkommen. Für die Nordöstlichen Kalkalpen, zu denen die Gesäuseberge zählen, sind das zum Beispiel die Zierliche Federnelke und die Dunkle Glockenblume.

Wie auch in anderen Nationalparks, so gibt es auch im Gesäuse ein breites Informations-, Bildungs- und Veranstaltungsangebot. Was die Nationalparkzentren angeht, hat man sich hier etwas ganz Besonderes ausgedacht: Denn außer dem Nationalparkpavillon in Gstatterboden mit einem Ausstellungzentrum und Gastronomie gibt es ein Stück weiter flussaufwärts den „Weidendom" – das größte „lebendige Bauwerk" des Alpenraumes; er besteht nämlich aus lebenden Weidenruten. Hier werden während der Saison Forschungsprogramme für Jung und Alt angeboten.

Natürlich gibt es auch geführte Wanderungen zu einer Reihe von Themen. Für Tierfreunde besonders interessant dürfte die „Pirsch" auf balzende Auer- und Birkhähne sowie brunftige Hirsche sein. Akustisch nicht so eindrucksvoll, aber umso spannender ist die Brunft der Gämsen: Mit etwas Glück kann man halsbrecherische Verfolgungsjagden der Böcke über steile Hänge beobachten.

Ed

Vom Talgrund der Enns steigen die Hänge steil an bis hinauf zu den Gipfeln der Zweitausender.

Das Vermächtnis der frommen Witwe

Der Dom zu Gurk

Durchquert man das idyllische Gurktal in Kärnten, so kann man, sobald man sich der Marktgemeinde Gurk nähert, schon weithin die mächtigen 60 Meter hoch aufragenden Türme des Domes zu Gurk sehen, der einer der bedeutendsten Sakralbauten ganz Österreichs ist.

Im Gegensatz zu den meisten anderen Wallfahrtsorten in Österreich ist es in Gurk nicht die Muttergottes, die jährlich einen gewaltigen Strom von Wallfahrern anzieht, sondern die heilige Hemma, eine Gräfin des 11. Jahrhunderts. Hemma von Zeltschach-Friesach wurde gegen Ende des 10. Jahrhunderts in Krain im heutigen Slowenien geboren und war eine entfernte Verwandte Kaiser Heinrichs II. Verheiratet mit dem Kärntner Grafen Wilhelm von der Sann, führte sie eine glückliche Ehe, aus der zwei Söhne hervorgingen. Doch das Glück Hemmas währte nicht lange. Als ihre Söhne, die die Silbergruben der gräflichen Familie beaufsichtigten, einen Bergknappen, der eine Frau vergewaltigt hatte, zum Tod verurteilten und hinrichten ließen, kam es zur Revolte unter den Bergarbeitern: Sie lauerten den Brüdern auf und erschlugen sie. Graf Wilhelm übte daraufhin blutige Rache an den Mördern seiner Kinder. Bald schon jedoch bereute er seine Tat und pilgerte nach Rom, um sein Verbrechen zu sühnen. Als der Graf auf dem Rückweg von seiner Pilgerreise starb, hinterließ er seiner Frau ein riesiges Vermögen. Hemma, nun verwitwet und kinderlos, beschloss, ihre Kraft und ihr Vermögen der Kirche zu widmen.

Unter den zahlreichen Kirchengründungen, welche die Gräfin zeit ihres Lebens vornahm, sticht der Dom zu Gurk besonders hervor. Entstanden ist er allerdings erst rund einhundert Jahre nach Hemmas Tod an der Stelle, an der sich eine ursprünglich von der Gräfin errichtete Marienkirche befand. Bereits um den Bau der Kirche ranken sich zahlreiche Legenden. Wie so oft, soll auch hier das Gnadenbild selbst den Standort des Gotteshauses ausgewählt haben. Hemma, unschlüssig, wo sie die Kirche erbauen sollte, hatte die Muttergottesstatue auf einen Ochsenkarren gestellt, der sich an der Stelle, an der später der Bau errichtet wurde, nicht mehr vom Fleck bewegte. Diesem himmlischen Fingerzeig Folge leistend, beschloss die Gräfin an genau jenem Ort mit der Erbauung des Gotteshauses zu beginnen. Hemma persönlich soll die Bauarbeiten auf einem Stein sitzend überwacht haben; der sogenannte Hemmastein wird noch heute im Dom zu Gurk verehrt. Als einmal einige der Arbeiter über die Bezahlung klagten, ließ Hemma, der Legende nach, die meuternden Arbeiter selbst in ihren Geldbeutel greifen, aus dem jeder Arbeiter nun den Betrag entnehmen konnte, der ihm tatsächlich an Lohn zustand.

Im Jahr 1042 konnte die Kirche eingeweiht werden. Bereits einhundert Jahre später jedoch errichtete man im Gedenken an die

---

Kloster Gurk, Domplatz 11, 9342 Gurk, Tel. 04266/8236-0, www.dom-zu-gurk.at, ganztägig geöffnet, Führungen, auch auf Anfrage. Urlaub im Kloster.
Anfahrt: mit dem Auto von Graz kommend A2 und von Villach kommend A2, Ausfahrt 308 Klagenfurt-Nord auf S37 in Pöckstein auf B93
Zugverbindung: 1.) Graz Hbf. → Klagenfurt Hbf. → Treibach-Althofen → Buslinie Gurk Ortsmitte; 2.) Villach Hbf. → Treibach-Althofen → Buslinie Gurk Ortsmitte

Den Vorgängerbau des heutigen Domes zu Gurk soll die heilige Hemma, die Schutzpatronin Kärntens, selbst initiiert haben.

bereits zu Lebzeiten als Heilige verehrte Hemma an der gleichen Stelle eine völlig neue Kirche, den heutigen Dom zu Gurk. Er gilt als Zeichen der tiefen Verehrung der heiligen Kirchenstifterin und Schutzpatronin Kärntens.

Heute befinden sich in dem berühmten Gotteshaus eine Reihe bedeutender Kunstwerke, welche die Kunstgeschichte der vergangenen Jahrhunderte widerspiegeln. Im Zentrum der Kirche steht der Hochaltar, ein im 17. Jahrhundert von Michael Hönel erschaffenes Kunstwerk. Die mehr als 14 Meter hohe, in Gold gefasste Kultstätte ist der Himmelfahrt Mariens gewidmet. Die heilige Muttergottes erhebt sich, auf der Mondsichel stehend, gen Himmel empor; direkt unter ihr befindet sich die Gruppe der Apostel, die diesem Wunder beiwohnen. Direkt über Maria erwarten Gottvater und Gottsohn die heilige Jungfrau, für die sie die Himmelskrone bereithalten. Berühmt sind ferner die Krypta, die Bischofskapelle und das Fastentuch.

Gurk, das sich seit 1932 im Besitz der Savlatorianer befindet, liegt am Hemma-Pilgerweg und ist eine viel besuchte Wallfahrtsstätte.

Brö

31 KÄRNTEN

Dem Himmel so nah
Der Magdalensberg

Dass sich hier die heidnischen Vorfahren der heutigen Kärntner den Göttern nahe gefühlt haben, wird jeder sofort verstehen, der einmal auf dem Gipfel des Magdalensberges

In der gotischen Wallfahrtskirche auf dem Magdalensberg startet jedes Jahr der „Vierbergelauf".

gestanden ist. Der Rundblick über das Zollfeld zwischen Klagenfurt und St. Veit an der Glan, zu den umgebenden Höhen und den fernen Alpengipfeln ist ein wahrhaft erhebendes Erlebnis, das einen alle Erdenschwere vergessen lässt.

So wundert es uns also nicht, wenn hier in vorchristlicher Zeit ein Heiligtum bestand. Erstaunlich dagegen, dass nicht weit unterhalb des Gipfels in der Zeit vor Christi Geburt eine Stadt von beachtlicher Größe lag.

Vielleicht handelte es sich dabei um Noreia, die Hauptstadt des Königreichs Noricum. Ihr Name wird bei antiken Schriftstellern immer wieder genannt, aber eine eindeutige Lokalisierung ist bis heute nicht geglückt. Doch egal, wie der Name der Siedlung lautete: Das Stadtgebiet ist heute ein höchst eindrucksvolles Ausgrabungsgelände. Eindrucksvoll wegen seiner Ausdehnung und des Wertes der Funde, aber auch wegen seiner einmaligen Lage, mit der dieser Ort das umliegende Land im wahrsten Sinne des Wortes beherrscht.

Der Besucher, der das Gelände besichtigt, bekommt einen recht anschaulichen Eindruck von der Anlage und Größe dieser Siedlung in spätkeltischer beziehungsweise frührömischer Zeit – der vorhandene Bauzustand ist auf die Zeit bald nach Christi Geburt zu datieren. Man kann auf dem einstigen Forum, dem Hauptplatz, spazieren gehen, erhält einen Eindruck von Händlerhäusern und Verwaltungsbauten. Zum Areal gehörte sogar eine kaiserliche Goldschmelze! Vom erlesenen Geschmack der offenbar wohlhabenden Bewohner zeugen erhaltene Fresken, Mosaiken, Schmuckstücke und Kunstgegenständen. Man kann sie in einigen als Museen gestalteten Gebäuden bewundern, wo man noch mehr über Kultur und Wirtschaft dieser einstigen Stadt erfährt. Warum die Funde um die Mitte des 1. Jahrhunderts nach Christus enden, also die Stadt um diese Zeit offenbar ziemlich plötzlich verlassen worden ist, weiß man nicht. Es ist lediglich bekannt, dass gleichzeitig im Tal in der Nähe von Maria Saal das neue römische Verwaltungszentrum Virunum entstand. Das einstige heidnische Heiligtum auf dem Berggipfel wurde später auch christianisiert. Im 12. Jahrhundert begann man hier mit

Gemeindeamt Magdalensberg, Deinsdorf 10, 9064 Magdalensberg, Tel. 04224/22 13
Archäologischer Park Magdalensberg, Magdalensberg 15, 9064 Pischeldorf, Tel. 04224/22 55, www.landesmuseum.ktn.gv.at, geöffnet 1. April bis 31. Oktober Di bis So 10 – 18 h
Gipfelhaus Magdalensberg, Familie Skorianz, Magdalensberg 16, 9064 Pischeldorf, Tel. 04224/22 49, www.magdalensberg.com, ganzjährig geöffnet, April bis Oktober kein Ruhetag, November bis März Di geschlossen (außer während der Feiertage)

dem Bau einer Kirche, die sich nach mehreren An- und Umbauten bis zum 15. Jahrhundert heute im Wesentlichen im gotischen Gewand präsentiert. Sie war ursprünglich der heiligen Helena geweiht – die auch auf dem Hochaltar dargestellt ist –, später wechselte das Patrozinium zur heiligen Maria Magdalena. Entsprechend änderte sich auch der Name des Berges, denn in früheren Zeiten hatte er Helenenberg geheißen.
Die Kirche ist eine Wallfahrtskirche und Ausgangspunkt des „Vierbergelaufs": Jedes Jahr versammelt sich hier am zweiten Freitag nach Ostern um Mitternacht eine Schar Wallfahrer, um dann innerhalb von weniger als 24 Stunden die rund 40 Kilometer lange Strecke über den Ulrichsberg und den Veitsberg zum Lorenziberg zurückzulegen – betend und von Messen und Andachten unterbrochen. Eine Wallfahrt, die gleichzeitig eine beachtliche sportliche Leistung darstellt!

Doch für den, der nur den Magdalensberg im Visier hat, ist Sportlichkeit nicht unbedingt Voraussetzung. Sicherlich, man kann klassisch auf dem Hemma-Pilgerweg zu Fuß heraufgehen. Und das steile Asphaltsträßchen zum Ausgrabungsgelände und zur Kirche wäre eine schöne Herausforderung für Rennradfahrer – aber es ist genauso gut die Version für Bequeme möglich, da es auch mit dem Auto befahren werden kann und darf.
Und wie es sich gehört, gibt es außer der Wallfahrtskirche auf dem Gipfel auch ein Gasthaus. Das „Gipfelhaus Magdalensberg" verwöhnt mit Kärntner Spezialitäten und verwendet dafür vielfach Zutaten aus eigener Landwirtschaft. Am schönsten ist es natürlich, auf der Terrasse zu sitzen und das großartige Panorama zu genießen – irdisches Vergnügen mit himmlischer Aussicht.
Ed

Einer der schönsten Aussichtspunkte Kärntens – und noch ein Geheimtipp: der Gipfel des Magdalensberges

32 KÄRNTEN

Unter dem Flüsterbogen

Maria Saal

Die Wallfahrtskirche Mariä Himmelfahrt in Maria Saal ist eine der ältesten und bedeutendsten Wallfahrtskirchen des Landes. Im Kärntner Zollfeld nördlich von Klagenfurt gelegen, trug der Ort ursprünglich den Namen „Maria in Zol", aus dem sich über die Jahrhunderte der Name Maria Saal entwickelte.

Maria Saal blickt auf eine lange Geschichte zurück. Bereits im 3. Jahrhundert nach Christus ließen sich römische Beamte, Kaufleute und Soldaten in Noricum, wie Kärnten damals hieß, nieder; mit ihnen fand auch das Christentum Einzug in die bis dahin heidnische Gegend. Mit dem Slaweneinfall im 6. Jahrhundert wurde der christliche Glaube vorerst zurückgedrängt, bevor etwa zweihundert Jahre später im Zuge der „zweiten Christianisierung" der heilige Modestus im Auftrag des Bistums Salzburg in die Gegend des Kärntner Zollfeldes kam und dort ein Chorbistum gründete. Bereits vor 763 konnte er die „Kirche der heiligen Mutter in Karantanien" einweihen, die sich in den folgenden Jahrzehnten zum geistigen Zentrum Kärntens entwickelte. Die Herzöge von Kärnten, die im nahe gelegenen Karburg ihren Sitz hatten, empfingen hier zu Beginn ihres Amtsantrittes ihre Weihe.

Die Gestaltung des Kirchenbaus zeichnet sich durch eine faszinierende Verbindung von römisch-mythologischer Kunst und christlich-sakralen Darstellungen aus. Vor allem an der Südwand des Domes finden sich mit den hier eingemauerten „Römersteinen" Spuren der einstigen römischen Besiedlung. Neben dem Romulus-und-Remus-Relief und der Darstellung einer Hadesreise, die vermutlich einst Teil eines römischen Grabmals war, zeigt ein Relief den griechischen Helden Achilles bei der Totenschändung Hektors, dessen Leichnam er an seinen Kampfwagen gebunden hat. Ein Engel, der über der Szenerie schwebt, setzt das Bildnis in die Spannung zwischen christlicher Vorstellungswelt und antiker Mythologie. Ein eindeutig christliches Motiv ist dagegen das große Christophorus-Relief, das sich ebenfalls an der Südseite des Domes befindet.

Es ist vor allem diese Verbindung von römischer und christlicher Kunst, die der Wallfahrtskirche ihr Charisma verleiht. Schon im Außenbezirk des Domes spürt man, dass man sich an einer ganz besonderen Stätte befindet, an der die lange Historie förmlich mit den Händen greifbar erscheint. Auch die Gestaltung des ehemaligen Baptisteriums im romanischen Stil trägt zu dieser besonderen Atmosphäre bei. Inzwischen ist dieses Gebäude, das in seiner Geschichte auch als Ossarium, also als Beinhaus, diente, im Inneren mit einer Nachbildung des Heiligen Grabes ausgestattet und gehört zu den bedeutenden Sehenswürdigkeiten Maria Saals.

So mancher wird sich beim Betreten des Dombezirkes von Maria Saal an einen Burghof erinnert fühlen. Dieser Eindruck hat durchaus seine Berechtigung. Im 15. Jahrhundert nämlich wurde die dreischiffige spätgotische Kirche zu einer Wehrkirche umgebaut. Die dadurch geschaffenen Verteidigungsvorrichtungen erwiesen sich

---

Stiftspfarre Maria Saal, Domplatz 1, 9063 Maria Saal, Tel. 04223/2254, www.kath-kirche-kaernten.at, www.mariasaal.at
Anfahrt: mit dem Auto von Graz kommend A2 und von Villach kommend A2, Ausfahrt 308 Klagenfurt-Nord in Richtung S37, Ausfahrt 297
Zugverbindung: Graz Hbf. → Klagenfurt Hbf. → Maria Saal

während des türkischen Vormarsches Ende des 15. Jahrhunderts in der Tat als äußerst nützlich: Maria Saal blieb vor größeren Verwüstungen verschont.

Doch nicht nur der Außenbezirk des Domes kann mit einer Fülle von Besonderheiten aufwarten, auch im Inneren der Kirche sind einige bedeutende Beispiele der Sakralkunst zu sehen. Im Zentrum steht der barocke Hochaltar mit dem Gnadenbild. Die Madonnenstatue stammt vermutlich aus dem 15. Jahrhundert und gehört zum Typus der Schönen Madonnen, der sich durch besondere Weichheit der Konturen und die sanften Gesichtszüge auszeichnet. Der Modestus-Altar, der im Andenken an den Kirchengründer errichtet wurde, soll sich langsam, aber stetig auf den Hochaltar zubewegen. Sind die beiden Altäre vereint, so stehe das Ende der Welt bevor.

Erfreulicher erscheint die Kraft, die dem sogenannten Flüsterbogen zugesprochen wird. Dieser gotische Spitzbogen, der sich am Osteingang des Dombereiches befindet, soll zur Erfüllung von Wünschen beitragen. Die Pilger, die ihn durchschreiten, flüstern sich gegenseitig gute Wünsche zu – und hoffen, dass die Gnadenmutter von Maria Saal sie erfüllt. Es ist zu vermuten, dass manchmal auch sehr weltliche darunter sind. *Brö*

Das traditionsreiche Maria Saal ist eine der ältesten und bedeutendsten Wallfahrtsstätten des Landes.

33 KÄRNTEN

Drachenstadt in Traumlage

Klagenfurt und der Wörthersee

Eines der Wahrzeichen von Klagenfurt ist der Turm der Stadtpfarrkirche St. Egid.

Wer heute das schöne Klagenfurt am Wörthersee besucht, braucht keine Angst mehr vor dem Drachen zu haben, der einst im Sumpf zwischen der Stadt und dem See gehaust haben soll. Der Sage nach terrorisierte er die ganze Region und fraß regelmäßig Menschen und Vieh aus den Dörfern ringsum. Kluge Jäger stellten dem Drachen eine Falle. Sie banden einen Ochsen mit einer Kette auf einem eigens errichteten Turm fest. Der Lindwurm merkte erst zu spät, dass die Kette einen großen Widerhaken hatte und wurde so eine leichte Beute für die tapferen jungen Männer, die die malerische Landschaft und ihre Bewohner endlich befreiten. Als Wappentier ist der Drache der Gründungssage bis heute präsent und ziert auch den Lindwurmbrunnen von 1680 auf dem Neuen Platz.

Erst kürzlich haben die Klagenfurter ihre historische Distanz zu dem Sumpf aufgegeben, der damals zwischen See und Stadt lag und sich mit dem offiziellen Namen „Klagenfurt am Wörthersee" endgültig zu ihrer Wasserlage bekannt.

Da das Zentrum Kärntens auf über 800 Jahre Geschichte zurückblicken kann, erzählen viele Sehenswürdigkeiten von den Höhen und Tiefen der Zeitläufte. Türkenansturm, Brände und Pestepidemien gehörten ebenso dazu wie der Bau der frühesten Wandpfeilerkirche Österreichs, die Geburt Robert Musils oder die Einrichtung der ersten Fußgängerzone des Landes.

Doch auch die Gegenwart ist hier äußerst lebendig: Von der Kinder-Uni über Theateraufführungen bis zu Ausstellungen oder sportlichen Höhepunkten wie dem Ironman-Wettbewerb finden sich rund ums Jahr zahlreiche spannende Events in Klagenfurt. Wer von der Stadt in Richtung See wandert, kann die Idylle des Lendkanals genießen. Schon um 1240 gab es Pläne zum Bau einer solchen Wasserzufuhr für die Stadt, doch erst 1527 konnte mit dem Bau begonnen werden. Die vier Kilometer lange Wasserstraße ist noch immer schiffbar und ein beliebtes Naherholungsgebiet. Hier reihen sich viele Attraktionen Klagenfurts aneinander: Minimundus, Europapark, die Komponierstube Gustav Mahlers und Schloss Maria Loretto, um nur einige zu nennen. Viele Stege und Brücken verbinden die Ufer miteinander, bei der Einweihung der von der Stadt aus gesehen ersten, der „Elisabeth-Brücke", war Kaiserin Sisi sogar persönlich anwesend.

Klagenfurt Tourismus: Alle Informationen zu Veranstaltungen, Unterkunft und Eintritten unter www.klagenfurt-tourismus.at, Tel. 0463/53 72 223
Wörthersee: www.woerthersee.com bietet Hotel- und Wetterinformationen, das Wichtigste zu allen umgebenden Orten, Anreisevorschläge sowie Hinweise zu den Vorteilen der Wörthersee card.

Am Ende des Lendkanals steht der Besucher vor einem der wärmsten und schönsten Seen der Alpen. Seine Wasserqualität ist nach dem Bau einer Ringkanalisation hervorragend, sodass sich hier über 21 Fischarten und eine Fülle von Wasservögeln tummeln.

Der Wörthersee, früher Werdersee genannt, entstand der Sage nach als eine Strafe für allzu gottlose Bewohner einer großen Stadt, die sich an der Stelle des heutigen Sees erhob. Am Vorabend des Ostertages soll ein kleines Männlein auf einem rauschenden Fest alle Anwesenden zur Umkehr ermahnt haben. Doch die Menschen reagierten weder auf seine erste noch auf die zweite Warnung. Da öffnete das Männlein sein Fass, und es strömte so viel Wasser heraus, dass Stadt, Bewohner und Land versanken. Noch heute soll der eine oder andere Fischer manchmal Geräusche aus der Tiefe vernehmen. In der Kramergasse in Klagenfurt erinnert eine kleine Figur, das sogenannte Wörthersee-Mandl an diese Geschichte.

Aufgrund seiner Lage zwischen Villach und Klagenfurt war das Gewässer schon früh ein Anziehungspunkt für Touristen. 1853 fuhren hier erstmals Dampfschiffe und transportierten bereits 30000 Reisende im Jahr.

Wer am Ufer des Wörthersees steht, den wundert nicht, dass viele Filme vor seiner traumhaften Kulisse inszeniert worden sind. Denn hier lässt es sich in der Tat ganz fabelhaft träumen. *DBG*

Im Westen der lang gestreckte See, im Osten die Berge; welche größere Stadt hat schon eine solch traumhafte Lage zu bieten?

34 KÄRNTEN

Die Affen sind los
Die Burgen Landskron und Hochosterwitz

Es war zwar ein Unglücksfall, als vor einigen Jahren die Affen türmten, und es war höchst schwierig, die munteren Japan-Makaken wieder einzufangen – aber der Burg Landskron brachte es ungeahnte mediale Aufmerksamkeit. Seither ist der „Affenberg" landauf, landab bekannt. Bei den Winterspielen in Nagano wurde diese Affenart populär und bekam die volkstümliche Bezeichnung „Schneeaffen". Mittlerweile ist die Spezies auf der Liste der artgefährdeten Tiere angeführt. In Japan wird ihr Lebensraum immer kleiner, und von den Bauern werden sie als Erntevernichter verfolgt.

Nicht so in Landskron: Dort kann man die Tiere ohne störende Käfiggitter und Glasscheiben beobachten. Das Freigehege ist 40 000 Quadratmeter groß und könnte bis zu 150 Affen aufnehmen. Derzeit sind es 88 Tiere. In einer spannenden und lustigen Führung werden in vierzig Minuten die bis zu einem Meter großen Japan-Makaken und ihre Eigenheiten vorgestellt. Ganz neu: ein Biotop. Japan-Makaken gehören nämlich zu den ganz wenigen Affen, die schwimmen können und es auch freiwillig tun. Selbst an den hochsommerlichen Hundstagen können die Tiere jetzt daheimbleiben und sich abkühlen. Sie brauchen nicht mehr auszubrechen ins Seenland Kärnten (eine Idee, die ihrer Intelligenz allerdings ein gutes Zeugnis ausstellt).

Ein Grundsatz auf dem „Affenberg" ist die Nichteinmischung der Menschen: Kein Tierarzt greift bei Geburten ein, kein Tierpfleger darf sich bei Kämpfen um die Rangordnung einmischen. Da die Haltungsbedingungen ideal sind und die Tiere sich wie in freier Natur verhalten, können wissenschaftliche Beobachtungen durchgeführt werden. So läuft beispielsweise eine Langzeituntersuchung an pubertierenden weiblichen Japan-Makaken. Noch eine „Viecherei" auf Landskron: die Adlerflugschau. Die Adler, der Wander- und der Sakerfalke, Roter und Schwarzer Milan und wie sie alle heißen, unterscheiden sich von den Affen nicht

Vierzehn Toranlagen sind zu passieren, ehe man in das „Herz" der Burg Hochosterwitz vordringt.

Der „Affenberg Landskron" ist von 1. April bis 31. Oktober täglich zwischen 9.30 und 18 h zugänglich. Führungen in der Hauptsaison jede halbe, sonst jede volle Stunde. **Info Affenberg:** Tel. 04242/43 03 75, www.affenberg.com
Info Adlerflugschau: Tel. 04242/42 888. Im Internet: www.adlerflugschau.com
Anreise: Landskron ist 5 km nordöstlich von Villach. Von der Tauernautobahn aus ist die Burg nicht zu übersehen. (Ausfahrt Villach/Ossiacher See).
Hochosterwitz ist von März bis Ende Oktober zugänglich, im April und Oktober von 9 bis 17 h, sonst von 9 bis 18 h. Info: 04213/2020 und 2010. Im Internet: www.burg-hochosterwitz.or.at
Anreise: Von Klagenfurt Richtung St. Veit, bei St. Donat abbiegen (21 km). Von St. Veit an der Glan 8 km südöstlich.

nur durch die Flugtauglichkeit. Sie kommen auch freiwillig zurück zum Falkner, und genau das beobachten zwei- bis dreimal täglich Hunderte Gäste. Auch viele dieser Greifvogelarten sind leider vom Aussterben bedroht.

Die Burg Landskron selbst war eine imponierende Festung, die Ausdehnung der Ruine vermittelt davon immer noch einen guten Eindruck. In der Nähe wurden Hügelgräber aus der Hallstattzeit entdeckt – von den ältesten Bewohnern der Gegend.

Das Abendrestaurant im Kronensaal gilt als gastronomischer Tipp. Burg-Dinner (in historischer Kostümierung) und die „Landskroner Tafelrunde" (da macht man sich nach Mittelalterart nur mit Messer und Fingern über das viergängige Menü her) sind, so hört man, sehr gefragt. Wenn man schon in Kärnten ist: Hochosterwitz ist natürlich auch ein Pflichtbesuch für Burgenromantiker. Die Anlage liegt besonders imposant. Zum frei stehenden, 150 Meter hohen Bergkegel zieht sich der Burgweg. Er führt durch insgesamt vierzehn Toranlagen! Das ist ein Unikum im Festungsbau. Wem der Fußweg zu mühsam ist: Auch eine Kabinenbahn führt auf steiler Schiene bergan. Auf Hochosterwitz braucht es keine großartigen Animationsprogramme – die Waffenkammer, die Burgkapelle, die reichhaltige Kunstsammlung, der lauschige Söller mit Renaissancearkaden: All das nimmt die Besucher sofort gefangen. Nichts scheint hier seit der Renaissance verändert worden zu sein. *Krie*

Nicht nur wegen der Schneeaffen einen Besuch wert: Landskron

35 KÄRNTEN

Ein Platz für Romantik zu zweit

Millstätter See

Mitten im See haben die Millstätter ihrem Heiligen Domitian ein Denkmal gesetzt.

Einst herrschte über Kärnten ein heidnischer Herzog namens Domitian. Seine Burg stand auf einer bewaldeten Anhöhe über dem Millstätter See, dessen Wasserspiegel damals bis zum Millstätter Kalvarienberg reichte. Dieser Herzog hatte einen ungehorsamen Sohn. Der fuhr eines Tages bei Sturm mit dem Schiff los, obwohl seine Eltern es ihm verboten hatten. Er kehrte nicht mehr zurück. Als der Vater erfuhr, dass das Boot kieloben auf dem See trieb, gelobte er, sich zum Christentum zu bekehren und dort eine Kirche zu bauen, wo er den Leichnam seines Sohnes fände; denn er hatte seinen Sohn sehr geliebt. Erst als er einen Teil des Seewassers in den Lieser-Fluss ableiten ließ, fand man den Toten am nordöstlichen Ufer des Sees. Wie versprochen, baute Domitian an dieser Stelle eine Kirche. Gleichzeitig ließ er alle Götzenstatuen in der Umgebung des Sees ins Wasser werfen. Es waren tausend, und nach diesen „mille statuae", tausend Statuen, heißt die Ortschaft Millstatt. Jedenfalls will es so die Legende. Inwieweit ein wahrer Kern in ihr steckt, ist umstritten. Die Überlieferung aus der Frühzeit Kärntens ist mehr als dürftig, und viele Historiker bestreiten rundweg, dass Domitian jemals gelebt hat. Das hat die katholische Kirche aber nicht gehindert, ihn seligzusprechen; ist doch die Volksfrömmigkeit überzeugt, dass die in einer Seitenkapelle der Stiftskirche von Millstatt aufbewahrten Gebeine die sterblichen Überreste von deren sagenhaftem Gründer sind.

Doch damit sind wir schon bei den historischen Tatsachen. Im Kloster Millstatt, das sich seit dem 11. Jahrhundert nachweisen lässt, wirkten nacheinander Benediktiner, Georgsritter und Jesuiten. Es war, bis es 1773 nach der Aufhebung des Jesuitenordens verwaiste, eines der wichtigsten geistigen und kulturellen Zentren der Region. Davon zeugen noch heute die Klostergebäude. Dass wir noch so vieles von ihnen in gutem Zustand bewundern können, ist dem bereits 1844 gegründeten Geschichtsverein für Kärnten zu verdanken, der sich schon in seiner Anfangszeit um die Erhaltung kümmerte. Die beeindruckende ehemalige Stiftskirche dagegen überlebte als Pfarrkirche des Ortes. Ihre Grundsubstanz geht noch auf die Romanik zurück; berühmt ist das aus dieser Zeit stammende Westportal. Doch eine Reihe anderer wichtiger Kunstepochen ist hier ebenso vertreten: Gotisch ist das Gewölbe, aus der Renaissance stammt das

Infocenter Millstätter See, Thomas-Morgenstern-Platz 1, 9871 Seeboden, Tel. 04766/3700-0, www.millstaettersee.at
Granatium, Klammweg 10, 9545 Radenthein, Tel. 04246/29135, www.granatium.at, geöffnet Mai bis Oktober täglich 10–18 h (Gruppen nur nach Voranmeldung)

Weltgerichtsfresko und aus dem Barock große Teile der Innenausstattung.

Die Epoche des Tourismus an dem malerischen, zum Drautal hin von sanften Hügeln und auf der gegenüberliegenden Seite vom stufenweisen Anstieg zu den Nockbergen eingerahmten See begann schon im 19. Jahrhundert. Davon zeugt eine Reihe von Villen aus der Gründerzeit, denn damals wurde die Gegend eine beliebte Sommerfrische des Adels. Wer sich dafür interessiert, kann auf dem Millstätter „Villenweg" noch heute dieser Zeit nachspüren.

Mit dem Massentourismus im vergangenen Jahrhundert begann auch hier ein neues Zeitalter. Die Landschaft ist gewiss einmalig schön; aber das kann auch manch andere österreichische Tourismusregion für sich beanspruchen. Der Millstätter See gilt als der wärmste Alpensee, bis zu 26 Grad Wassertemperatur werden im Sommer gemessen; doch auch das reicht noch nicht. So kommt es darauf an, den Gästen immer wieder Neues, ganz Besonderes zu bieten. Wobei man recht findig ist: So gibt es etwa geführte Bootstouren zu verträumten Buchten oder Piratenabenteuer für die Kleinen. Wer zu zweit anreist, für den empfiehlt sich das romantische „Dinner for 2" auf dem Wasser: Bei Sonnenuntergang kann man sich auf ein einsames Floß draußen im See hinausfahren lassen und dort bei Kerzenschein ein Menü in sieben Gängen genießen. Und vielleicht hilft ja auch noch etwas anderes der Liebe auf die Sprünge: In der unmittelbaren Umgebung des Sees – an der Millstätter Alpe, am Mirnock und in Radenthein – gibt es Vorkommen des Granat, der als „Feuerstein der Liebe" gilt. Der Wanderer kann sich danach auf die Suche machen und, wenn er fündig wird, seinen Stein dann im „Granatium" in Radenthein schleifen lassen. *Ed*

Noch ist sie allein an ihrem romantischen Plätzchen hoch über dem See…

KÄRNTEN

Schloss unter falschem Namen

Porcia in Spittal an der Drau

Der Innenhof von Schloss Porcia ist ein Juwel der Renaissancearchitektur.

Burgen und Schlösser haben ihre unveränderlichen Namen. Sie beziehen sich zumeist entweder auf den Ort oder auf den Erbauer, aber nicht so in diesem Fall. Schloss Porcia trägt den Namen einer Adelsfamilie, die das Anwesen rund sechzig Jahre nach seiner Fertigstellung rein zufällig erwarb und mit Planung wie Gestaltung nichts, aber rein gar nichts zu tun hatte. Und so ist es fast ein Treppenwitz der Geschichte, dass sich ausgerechnet der Name eines Fremden mit diesem nördlich der Alpen wohl einzigartigen Meisterwerk der Renaissancearchitektur verbindet.

Sein geistiger Urheber war ein gewisser Gabriel von Salamanca, Sprössling einer reichen spanischen Handelsfamilie und Vertrauter des österreichischen Landesherrn und späteren Kaisers Ferdinand I. Der junge ehrgeizige Mann, der nach Macht und Einfluss strebte, erwarb 1524 von Ferdinand gegen gutes Geld die vakante Grafschaft Ortenburg in Kärnten und erhoffte sich im Gegenzug hohe Ämter. Solche Transaktionen waren durchaus üblich zu jener Zeit, denn die hohen Herren litten unter permanenter Geldnot. Doch Salamancas Aufstieg am Wiener Hof scheiterte am Widerstand des heimischen Adels, der um den eigenen Einfluss bangte. Nicht zu Unrecht vermutlich. Salamanca, nun Graf von Ortenburg, tröstete sich mit seinen reichen Besitzungen und richtete seinen Ehrgeiz auf den Bau eines neuen Domizils, denn die alte gräfliche Burg konnte dem erlesenen Geschmack des Spaniers nicht gerecht werden. Er beauftragte italienische Baumeister, für ihn eine repräsentative Residenz zu bauen. Das Resultat sieht vom Typus her aus wie ein städtischer italienischer Palazzo, nur dass der Bau frei steht, was wiederum charakteristisch für ein Schloss ist, und die Türme wie Attribute einer mittelalterlichen Burg wirken. Als das Prachtstück nach fast sieben Jahrzehnten endlich vollendet war, konnte sein Erbauer sich nicht mehr daran erfreuen. Und auch seine Nachkommen kamen nicht mehr lange in den Genuss dieses Schlosses, denn bereits 1620 war es vorbei mit den Salamanca-Ortenburgs. 1662 erwarb es besagte italienische Adelsfamilie, die in Habsburger Diensten stand. Sie immerhin sollen dort bis zum Ende der K.-u.-k.-Monarchie glanzvoll gelebt haben, und sie waren es auch, die den Schlossgarten anlegen ließen.

Doch die folgenden Zeiten waren ungünstig für Schlossherren. Und so musste der neue

Tourismusbüro und Kulturamt Spittal, Burgplatz 1, 9800 Spittal an der Drau, Tel.: 04762/56 50-222, www.spittal-drau.at, www.komoedienspiele-porcia.at
Museum für Volkskultur: www.museum-spittal.com, geöffnet ganzjährig, in den Wintermonaten eingeschränkt

Besitzer erst Teile des wertvollen Inventars versilbern und schließlich den ganzen Besitz an die Stadt abtreten. Ein Glücksfall für Spittal, denn so konnte sich Schloss Porcia zu einem „Kulturtempel" für Ausstellungen und Veranstaltungen aller Art entwickeln.

der filigranen Architektur der Säulen. Seit neuerer Zeit macht Porcia allerdings auch Schlagzeilen ganz anderer Art, denn schenkt man einschlägigen Zeitungsstorys Glauben, hat es das Zeug zu einem Spukschloss. Natürlich hat es wie jedes alte Ge-

Zu überregionaler Bedeutung gelangten dabei die „Komödienspiele Porcia", die seit 1961 alljährlich im Sommer auf künstlerisch hohem Niveau vom Wiener Theater am Fleischmarkt veranstaltet werden. Es war Liebe auf den ersten Blick, als Mitglieder des Ensembles den Innenhof besichtigten und mit geschultem Auge erkannten, dass kaum eine eindrucksvollere Kulisse für die geplanten Sommerspiele zu finden war. Kein Ambiente könnte mehr verzaubern als dieser von dreigeschossigen Arkaden umgebene Hof mit der elegant integrierten Treppe und

mäuer, das auf sich hält, seinen Hausgeist. Hier handelt es sich um Katharina von Salamanca-Ortenburg, eine hartherzige Frau, die hungernde Bettler mit Hunden von ihrer Tür gejagt haben soll – sterbend verfluchte sie ein alter Mann. Es folgten weitere Missetaten, und so blieb ihr die ewige Ruhe versagt. Doch die neuen Geistersucher sprechen lieber von einem „paranormalen Phänomen". Egal: Alte Schauergeschichten und neue Spukgerüchte beflügeln einander und sind gemeinsam ein wunderbarer Werbegag. *Ni*

Gerne wird Schloss Porcia heute für Veranstaltungen genutzt.

37 KÄRNTEN

Eine Fjordlandschaft und Niederländer auf Kufen

Der Weissensee

Man erlebt es wie ein Wunder: Wenn man, von der Drau und von Stockenboi her kommend, das immer enger werdende Tal des Weißenbaches hinauffährt, stößt man hinter einem kleinen moorigen Flecken auf einen zwischen hohen Bergen eingezwängten See. Die Nische zwischen den steilen Hängen wirkt überschaubar, das Wasser ist schmal, und trotzdem scheint es endlos zu sein wie der Ozean: Man weiß nicht, ob es ein gegenüberliegendes Ufer gibt. Das Gasthaus neben dem See heißt „Dolomitenblick". Im ersten Augenblick glaubt der Gast vielleicht an Aufschneiderei. Aber tatsächlich: In der Lücke zwischen den nahen Bergen werden genau in der richtigen Himmelsrichtung ferne weiße Spitzen sichtbar.

Der nächste Akt des Naturschauspiels ist die Schifffahrt in Richtung Techendorf. Rund eine Stunde ist man zwischen den zunächst steil aus dem Wasser ansteigenden, später immer weiter auseinandertretenden Berghängen hindurch nach Osten unterwegs. Ein ähnliches Erlebnis muss es sein, einen Fjord zu durchfahren. Aber am Ende kommt man hier eben doch nicht auf die offene See, sondern in den hübschen Ort Techendorf mit seiner Brücke über eine Engstelle des Sees, der aber dort noch keineswegs zu Ende ist: Auch dahinter liegen immerhin noch eineinhalb Kilometer Wasser.

Wer gut zu Fuß ist, kann die über zehn Kilometer lange Strecke anstatt per Schiff auch aus eigener Kraft zurücklegen – am Nordufer auf einem engen Pfad, der malerisch durch die steilen Waldhänge über dem See führt. Hat man dann noch nicht genug und will am Südufer retourgehen, wartet hier allerdings noch eine echte Herausforderung an die Kondition: Der Weg macht nämlich einen Abstecher zum Gipfel des 1851 Meter hohen Laka.

Der Weissensee, mit 930 Metern Meereshöhe der höchstgelegene Kärntner See und bei einer Länge von knapp zwölf Kilometern nur etwa 500 Meter breit, galt lange als ausgesprochener Geheimtipp. In der Tat ist er bisher (noch?) nicht so überlaufen wie manch anderer seiner berühmten Brüder in diesem Bundesland. Dabei hat er aber eine Besonderheit, die ihn vor den anderen Kärntner Seen auszeichnet. Wenn man im Sommer die angenehme Badetemperatur seines Wassers genießt, möchte man kaum daran glauben. Doch jeden Winter bildet er zuverlässig eine stabile Eisdecke – so stabil, dass zeitweise sogar Holztransporte per Lastwagen über den See durchgeführt werden können. Im Allgemeinen kann man damit rechnen, dass das Eis zwischen Mitte Dezember und Ende Februar begehbar ist. So gilt er bei Kennern nicht nur als eine der größten, sondern auch als eine der schönsten Natureisflächen Europas. Um den Wintergästen etwas bieten zu können, leistet man sich sogar einen eigenen Eismeister. Er sorgt dafür, dass Eislaufbahnen und Eishockeyfelder in stets perfektem Zustand sind. Besonders gefordert ist er immer Ende

Weissensee Information, Techendorf 78, 9762 Weissensee, Tel: 04713/2220-0, www.weissensee.com
Weissensee Schifffahrt, Familie Hans Winkler, Techendorf 51, 9762 Weissensee, Tel. 04713/2267, in Betrieb von Mitte Mai bis Anfang Oktober, www.weissenseeschifffahrt.at

Jänner: Dann kommt die internationale Elite der Eisschnelllaufmarathon-Profis an den Weissensee und kämpft um den Meistertitel in der „Alternativen Holländischen Elf-Städte-Tour". Der Name sagt es: Der Sport, bei dem große Distanzen auf den Kufen von Eisschnelllaufschuhen zurückgelegt werden, stammt aus den Niederlanden. Dort kann man auf Grachten und Seen lange, interessante Routen laufen – wenn das Wetter mitspielt. Genau dieses Wetterproblem hat man am Weissensee eben nicht, und daher treffen sich die Profis seit 1989 jedes Jahr hier, um den Sieger in der Königsdisziplin über 200 Kilometer zu ermitteln. Übrigens nicht nur die Profis: Im Rahmen des großen Eisschnelllaufspektakels gibt es auch einen Volkslauf über die gleiche Distanz.
Seine „Eissicherheit" verhalf dem See schließlich auch zu Filmehren: Da man wusste, dass das Eis schwere Holzfuhren tragen konnte, musste es wohl auch für James Bonds Aston Martin V8 mit diverser futuristischer Sonderausstattung reichen. So kann man in dem Streifen „Der Hauch des Todes" bewundern, wie der legendäre Wagen über den zugefrorenen Weissensee kurvt. *Ed*

Gut die Hälfte der Strecke über den Weissensee ist zurückgelegt; in der Ferne wird die Ortschaft Techendorf sichtbar.

KÄRNTEN

Postkartenidylle mit Dreitausender

Heiligenblut am Großglockner

Selbst wer noch nicht dort war, kennt es: Heiligenblut am Großglockner - das Glocknerdorf, wie es auch genannt wird, weil hier Ort und Berg eine Symbiose bilden, wie man es sonst selten findet. Die gotische Wallfahrtskirche vor der unverkennbaren Kulisse des majestätischen, verschneiten Glockners ist eines der meistfotografierten Alpenmotive und fehlt in keinem Bildband, keinem Reiseführer, keinem Tourismusprospekt. Man hat Heiligenblut fest als Foto, als Postkarte im Kopf.

Allerdings hat der kleine Ort im Kärntner Mölltal, 1288 Meter hoch gelegen, noch ein anderes Aushängeschild, das jedoch – weil konfessionsgebunden – einem breiten Publikum nicht ganz so bekannt sein dürfte. Heiligenblut ist eine viel besuchte Wallfahrtsstätte mit einer wahrlich abenteuerlichen Legende, der sich auch der Name verdankt. Darin geht es um den dänischen Prinzen Briccius, der 914 auf dem Rückweg aus der oströmischen Kaiserstadt Konstantinopel am Fuß des Glockners von einer Lawine verschüttet wurde. Als man seine Leiche entdeckte, weil drei Ähren aus dem Schnee sprossen – ein beliebtes Motiv –, und man ihn begraben wollte, soll eines seiner Beine immer wieder aus der Erde geschnellt sein, bis man in seiner Wade eingewachsen ein Fläschchen mit dem Blut Christi fand. Das Wie, Warum und Woher sind Gegenstand weiterer Legenden, während – historisch betrachtet – die wirklichen Umstände ins Dunkel der Geschichte gehüllt sind.

Wie auch immer: Der Ort hatte seinen Namen weg und wurde vermutlich spätestens im 13. Jahrhundert zum Ziel frommer Pilger. Interessant ist allerdings, dass die Kirche in Rom die Bricciusverehrung nie sanktioniert hat, weil die Kurie, obwohl in früheren Zeiten schnell zur Anerkennung von Wundern bereit, das Fehlen von konkreten Fakten bemängelte. Als offizieller Heiliger gilt in Heiligenblut Vinzenz, ein spanischer Diakon und Märtyrer, nach dem die berühmte Kirche aus dem 15. Jahrhundert benannt ist. Doch hat das Fläschchen mit dem angeblichen Blut Christi dort immerhin einen Ehrenplatz bekommen.

Für den Lokalmathador errichtete man schließlich 1629 die Bricciuskapelle, vierhundert Meter oberhalb des Ortes am von der Legende beschriebenen Todesort des Dänenprinzen, der noch heute als Schutzpatron der Reisenden und Soldaten gilt, obwohl ihm die höheren Weihen der Heiligsprechung verweigert wurden.

Schon aufgrund seiner Höhenlage war und ist Heiligenblut ein gefragter Ausgangsort für Bergsteiger und Tourengeher. Aber auch Gehfaule kommen auf ihre Kosten, seit in den dreißiger Jahren die Großglockner-Hochalpenstraße gebaut wurde. Sie bietet spektakuläre Aussichten nicht nur auf den mit 3798 Metern höchsten Berg Österreichs mit seiner charakteristischen, pyramidenförmigen Spitze, sondern auch auf Hunderte weiterer Dreitausender

Tourismusverband Heiligenblut, Hof 4, 9844 Heiligenblut
Tel.: 04824 / 27 00-4, www.heiligenblut.at

Sommers wie winters ein Postkartenmotiv: Kirche von Heiligenblut mit dem Großglockner im Hintergrund

und fast ebenso viele Gletscher, ganz zu schweigen von stillen Tälern mit altmodisch idyllischen Dörfern.

Einer der prominentesten Besucher der Region musste die Schönheit der imposanten Bergwelt indes noch auf Schusters Rappen erwandern. 1856 kam der damals sehr junge Kaiser Franz Joseph ins Mölltal und stieg im Glocknermassiv hinauf zu einem der schönsten Aussichtspunkte am Berg oberhalb der Pasterze, des längsten Gletschers der Ostalpen. Dort wurde später eine Hütte errichtet mit Terrasse und gesichertem alpinem Steig hinab zum Gletscher, und zu Ehren der Majestät heißt der Platz seitdem Franz-Josefs-Höhe.

Es scheint, dass hier – wie auch in anderen Ferienregionen des Landes – die kaiserliche Präsenz durchaus zur touristischen Entwicklung beigetragen hat, denn gegen Ende des 19. Jahrhunderts hatte Heiligenblut sich bereits als beliebte Sommerfrische, wie man damals sagte, etabliert. Wen wundert's, dass der gute, alte Kaiser Franz Joseph immer noch seinen Platz in den Herzen der Österreicher hat. *Ni*

SALZBURG

Da ist Musik drin

Mozart-Stadt Salzburg

Wer von oben auf Salzburg blickt, dem fallen zwei Dinge sofort auf: Zum einen umschmiegt der Stadtkern die rauschende Salzach, das begünstigt den Handel mit Gütern, die man zu Wasser transportiert. Zum anderen erheben sich aus dem Häusermeer zwei Berge, eine hier platzierte Burg kann die Stadt perfekt sichern – oder beherrschen. Ohne dass er Salzburg auch nur betreten hätte, weiß der Betrachter: Die Stadt hat eine günstige Lage. Und so nimmt es nicht wunder, dass dieser Ort schon vor über 2000 Jahren von den Römern besiedelt war. Sehr früh, nämlich 739, wurde Salzburg Bischofssitz und kurz darauf auch mit seinem heutigen Namen erstmals erwähnt. Als Kaiser Otto III. den Salzburgern erlaubte, täglich Markt zu halten und Münzen zu prägen, begann ihr wirtschaftlicher Aufstieg. In diese Zeit fällt der Bau der Hohensalzburg. 1077 begonnen, erhielt die Anlage unter den Nachfolgern Gebhards I. zunächst den romanischen Saalbau, den Wohnturm, eine Kirche und ein Nebengebäude. Erzbischof Burkhard erweiterte 1461 bis 1466 die Anlage um vier Türme, und dessen Nachfolger fürchtete sich vor den Salzburgern so sehr, dass er über ein Jahr die Burg nicht verließ, bevor er schließlich abdankte. Weitere wichtige Zubauten entstanden unter Leonhard, die spätgotischen Fürstenzimmer und andere Elemente tragen sein Wappen, das eine Rübe ziert. Sein „Salzburger Stier", die Orgel im Krautturm, war wenig beliebt: Sie rief die Stadtbewohner zur Arbeit. Erzbischof Paris Lodron schließlich baute die Burg zur Festung aus. Doch auch diesen Bau überholte die Zeit: Kampflos wurde die Hohensalzburg Napoleon übergeben. Es war das Ende des geistlichen Fürstentums, 1816 gliederte man Salzburg in die Habsburgermonarchie ein, die Festung wurde zur Kaserne.

Salzburg ist bis heute geprägt von seinen einflussreichen Fürsterzbischöfen. Sie hatten weit reichende Befugnisse und waren so mächtig, dass 1869 Pius IX. den Salzburger Erzbischof als „halben Papst" bezeichnet haben soll. Entsprechend prunkvoll und weitläufig ist die fürstbischöfliche Residenz. Sie umfasst vier Innenhöfe, 180 Prunksäle und repräsentative Gemächer und war Schauplatz der Auftritte Mozarts vor dem Landesherrn sowie der Uraufführung seines Violinkonzertes in A-Dur im Jahre 1775. Der Komplex liegt inmitten der Altstadt direkt am bekannten Domplatz, wo im Advent nicht nur der Christkindlmarkt stattfindet, sondern auch jeden Sommer im Rahmen der Salzburger Festspiele der „Jedermann" aufgeführt wird – beides in unmittelbarer Nachbarschaft zum barocken Dom. Salzburg hat drei Domweihen und viele Feuer erlebt. Der erste romanische Bau aus dem Jahr 774 brannte nieder. Er wurde durch einen neuen Dom ersetzt, damals die größte Basilika nördlich der Alpen. Doch auch diesen vernichtete Ende des 16. Jahrhunderts ein Feuer, 1628 wurde dann der heutige Barockdom geweiht. Die letzte Weihe fand 1959 statt, nachdem im Krieg ein Bomben-

---

Salzburg Tourismus: www.salzburg.info, Salzburg card: freier Eintritt in alle Sehenswürdigkeiten, Veranstaltungen ermäßigt, freie Fahrt mit öffentlichen Verkehrsmitteln inkl. Festungsbahn und Salzach-Schiff
Hohensalzburg: www.salzburg-burgen.at, Tel. 0662/84 24 30-11, geöffnet tägl. Januar bis April u. Oktober bis Dezember 9.30–17 h, Mai bis September 9–19 h
Residenz: Prunkräume geöffnet tägl. 10–17 h (außer an Veranstaltungstagen), Galerie geöffnet tägl. außer Mo 10–17 h
Dommuseum: geöffnet 9. Mai bis 27. Oktober u. 30. November bis 6. Januar Mo bis Sa 10–17 h, So u. an Feiertagen 11–17 h

Salzburg hat Flair, dieser romantische Blick auf die trutzige Hohensalzburg beweist es.

treffer Kuppel und Chorraum schwer beschädigt hatte.

Das Dommuseum in den Emporenräumen bietet neben einem ausgestopften Gürteltier, der „geharnischten Maus" und anderen Kuriositäten übrigens einen perfekten Blick in das Innere des Domes. Die Geschichte des Gotteshauses ist wie die der ganzen Stadt eng mit der Musik verknüpft.

Nicht nur gilt das Geläut als das schönste Österreichs, auch die Akustik des Doms ist weltberühmt. Hier wurden zudem die Missa Salisburgensis und die sogenannte Bombenmesse uraufgeführt.

Die Altstadt von Salzburg gehört zwar zum Weltkulturerbe, aber sie ist beileibe kein Museum – da ist wirklich Musik drin.   *DBG*

40 SALZBURG

Des Erzbischofs kokette Wasserspiele

Schloss Hellbrunn

Hier bekommt jeder einen Spritzer ab!

Eine frühbarocke Schlossanlage mit einem heiteren „Wasserparterre": Alles wirkt ruhig und beschaulich. Da gellen plötzlich Schreie durch die Anlage, man hört aufgeregte Stimmen, Italienisch, Französisch, Englisch und Deutsch durcheinander. Wieder hat sich eine Touristengruppe überrumpeln lassen in den Wasserspielen.

Man wähnte sich schon in Sicherheit nach dem Marsch durch die „Hecke" aus Wasserstrahlen – aber da lauern weitere versteckte Düsen. Jeder bekommt ein paar Spritzer ab an einem Ort, wo sogar Geweihe bisweilen zu Springbrunnen werden können.

Manche Besucher ziehen vorsorglich den Regenmantel über, andere zeigen in ihrer Gestik deutliche Anzeichen von Wasserscheu. Aber es nützt alles nichts. Bei den Wasserspielen bleibt kein Auge und kein Fuß trocken.

Erzbischof Markus Sittikus ließ Schloss und Wasserspiele im frühen 17. Jahrhundert errichten. In Italien hatte er solche Anlagen kennengelernt. Villa d'Este, Villa Lante – da und dort haben sich Reste von Wasserspielen erhalten, Brunnen und Wasserbecken. Aber die wundersamen mechanischen Wasserapparaturen, die gibt es nur noch hier in Salzburg und, etwas bescheidener, in der Eremitage in Bayreuth. In Hellbrunn funktioniert noch die Vogelgrotte, wo kleine wassergetriebene Apparaturen auch fürs Zwitschern sorgen. Das „Germaul", ein Blechgesicht mit riesigen Eselsohren, zeigt plötzlich die Zunge und rollt grimmig mit den Augen. In einer Grotte hebt ein starker Wasserstrahl eine goldene Krone gut einen Meter in die Höhe. Mythische Figuren sind in Stein gehauen. Faune gehören zur Urbevölkerung hier. Zwei

Führungen durch die Wasserspiele im Schloss Hellbrunn April, Oktober und November im Halbstundentakt von 9 bis 16.30 h, im Mai, Juni und September bis 17.30 h. Im Juli und August bis 21 h geöffnet, stündlich Abendführungen.
Info: Tel. 0662/8203720, www.hellbrunn.at
Der Zoo Hellbrunn hat täglich (und bei jeder Witterung) ab 9 h geöffnet. Einlass ist im Sommer bis 19.30 h (im Sommer jeden Freitag und Samstag Nachtzoo – letzter Einlass 21.30 h), während der Winterzeit bis 16 h.
Info: Tel. 0662/8201760, www.salzburg-zoo.at
Anreise: Hellbrunn liegt im Süden von Salzburg (Autobahnabfahrt Salzburg Süd). Ab Anif gut beschildert. Von Bahnhof bzw. Salzburger Innenstadt aus mit der Buslinie 25. Der Zoo ist zu Fuß auch durch den Schlosspark leicht zu erreichen. – Ein Tipp für Radfahrer: Die drei Kilometer lange Hellbrunner Allee (ab Salzburg/Nonntal) ist jener Weg, auf dem die Salzburger Bischöfe zu ihrem Lustschloss fuhren. Nach wie vor ein Weg, der auf Schloss, Wasserspiele und Zoo ideal einstimmt (Fußgängern, Reitern und Radfahrern vorbehalten).

Schildkröten spritzen einander einen Wasserstrahl ins Maul.

Eine verspielte frühbarocke Wunderwelt – ein Erlebnisbereich des Salzburger Erzbischofs und Landesfürsten für seine Gäste. Hellbrunn ist seit jeher ein anregender Ort für Vergnügungen jeder Art: Im Steintheater auf dem nahen Berg ist 1615 die erste Oper nördlich der Alpen aufgeführt worden – eine damals brandneue Erfindung aus Italien.

In den freskengeschmückten Sälen im Schloss braucht es nicht viel Fantasie, um sich prachtvolle höfische Feste vorzustellen. In den Museumsräumen sieht man einige Modelle, Pläne – und man erfährt, wie das „Germaul" funktioniert: ausschließlich mit Wasserkraft, wie alle Dinge in den Wasserspielen. Und das seit bald vierhundert Jahren.

Und dann der Zoo auf der anderen Seite des Hellbrunner Berges! Er ist noch älter als das Schloss und war 1424 schon erzbischöflicher Wildpark. 1619 gab es bereits eine respektable Menagerie, mit Fasanen und anderen Vögeln, heimischem Jagdwild, aber auch mit Bären, Wölfen und Luchsen in Käfigen. Tausend Schildkröten nennt die Chronik. Hellbrunn blieb in den folgenden Jahrhunderten vor allem „Bergweltzoo" mit entsprechenden Bewohnern.

Zum Geozoo, mit einer Fauna aus verschiedenen Kontinenten, ist der Tiergarten erst in den siebziger Jahren gemacht worden. Jetzt bietet man den Gästen eine der schönsten Zooanlagen im Alpenraum. Die Geierkolonie ist eine Meisterleistung zur Bewahrung der Art. Gebrütet wird am nahen Untersberg. Auch in der Wildpferdezucht haben sich die Zoofachleute einen Namen gemacht. Junge Wildpferde von hier wurden schon in der Mongolei angesiedelt. *Krie*

Erzbischof Markus Sittikus ließ Schloss Hellbrunn im frühen 17. Jahrhundert errichten.

41 SALZBURG

Märchenwelt auf steilem Fels

Burg Hohenwerfen und die Eisriesenwelt

Die Flugvorführungen im „Historischen Landesfalkenhof" sind sehenswerte Schauspiele vor großartiger Kulisse.

Auf kleinen Holzgerüsten sitzen die Falken sowie Greifvögel da und schauen den Besuchern mehr oder weniger interessiert entgegen. Ein kleines Kettchen hindert sie am Wegfliegen. Der scharfe Schnabel macht sicher – kein Tourist würde es wagen, den Vögeln zu nahe zu kommen oder gar die Hand nach ihnen auszustrecken. Andere Vögel warten in Käfigen droben an der Burgmauer. Zweimal täglich gibt es Flugvorführungen im „Historischen Landesfalkenhof". Falknerei wird ja in mehreren österreichischen Burgen vorgeführt – aber dieser Platz ist schon wegen der Lage der Burg Hohenwerfen etwas Einmaliges. Sie hat schon manchem, der die Autobahntunnel auf der Reise nach Süden passiert hat, einen Ausruf der Überraschung entlockt. Nähert man sich von der anderen Seite, hat man das großartige Panorama noch wirkungsvoller vor sich. Die Burg auf einem schroffen Pyramidenkegel, dahinter die grauen Steinwände des Hagen- und des Tennengebirges. Auf der großen, steilen Wiese am Burggelände fühlt man sich schließlich wie in einem kolossalen Theater. Die Mauern der Festung umfassen den Zuschauerraum, die imposanten Bergzüge sind die Kulissen. Und die Falken sind zweimal täglich die Schauspieler.

Vom 11. Jahrhundert bis ins 16. Jahrhundert ist die Burg Hohenwerfen hochgerüstet worden. Von hier aus hatte man den schmalen Eingang durch den Pass Lueg ins Salzburger „Inner Gebirg", wie die Einheimischen sagen, bestens unter Kontrolle. Dabei ging es nicht um die Sicherung der Salzwege, sondern um andere Bergschätze. Einige Metallminen garantierten dem geistlichen Fürstentum Salzburg seine Selbstständigkeit: Kupfer, Eisen, Silber. Nicht zu vergessen aufs legendäre Tauerngold. Salz und Metall machten es dem Fürsterzbischof Paris Lodron möglich, im frühen 17. Jahrhundert sein Land aus den Wirren des Dreißigjährigen Kriegs herauszuhalten: Salz und Metall waren für alle Kriegsparteien gleich wichtig…

Burg Hohenwerfen ist von März bis November täglich geöffnet, im April täglich außer montags, jeweils ab 9.30 h. „Sperrstunde" ist März bis April und Oktober bis November um 16 h, von Mai bis September um 17 h.
Info: Tel. 06468/7603, www.salzburg-burgen.at
Anreise: Auf der Tauernautobahn von Salzburg nach Süden, Abfahrt Werfen. Vor Ort der guten Beschilderung folgen
Die Eisriesenwelt hat von 1. Mai bis 26. Oktober geöffnet, täglich von 9 bis 15.30 (Juli, August 16.30) h. Für Anfahrt mit der Gondelbahn und Besuch der Höhle sind drei Stunden vorzusehen. Auch im Sommer unbedingt warme Kleidung mitnehmen!
Info: Tel. 06468/5248, www.eisriesenwelt.at
Anreise: Die Straße zum Parkplatz ist ab der Autobahnausfahrt Werfen gut ausgeschildert. Von hier ist es ein 15-Minuten-Fußmarsch zur Talstation.
Anreise: Von der Autobahnabfahrt Werfen nach Pfarrwerfen

Die Feste Hohenwerfen wacht seit vielen Jahrhunderten über den Pass Lueg.

In letzter Zeit wurde viel unternommen, die historischen Räume der Burg zu rekonstruieren. Sie hatte recht gelitten in den Jahrhunderten, nachdem sie ihre strategische Bedeutung verloren hatte. 1931 vernichtete ein Großbrand viel Substanz. Bis Mitte der neunziger Jahre war hier die österreichische Gendarmerieschule untergebracht. Jetzt ist Hohenwerfen als Ganzes wieder Museum, jedes Jahr kommen neu gestaltete Räume hinzu. Waffenausstellung, Falkenmuseum, wechselnde kulturhistorische Präsentationen – es wird viel geboten auf dieser Burg. Der Burghof mit Schänke ist gemütlich, und der Blick vom großen Glockenturm ist einfach überwältigend.

Wenn man hier ist, sollte man sich auf keinen Fall die Eisriesenhöhle gegenüber entgehen lassen. Eine Gondelbahn führt von 1084 Metern Seehöhe noch weitere 500 Höhenmeter steil hinauf in die Felsregion. Dann sind es noch 15 Minuten Fußweg in die größte Eishöhle der Erde. Das Höhlenportal wirkt wie ein Höllenschlund, ein Trichter von zwanzig Metern Breite und achtzehn Metern Höhe. Von den 42 Höhlenkilometern ist freilich nur ein Kilometer von Eis bedeckt. Dorthin geht die Führung. Warme Kleidung (für null Grad) ist unverzichtbar. Die Besucher bekommen Karbidlampen in die Hand, und dann geht es hinein in die geheimnisvolle Welt des ewigen Eises, dessen Formen und Schatten die Fantasie anregen. Besonders schön ist es in der Eishöhle bis in den Juni, wenn die Raureifbildung an der Höhlendecke einsetzt und sich ein zentimeterdicker „Pelz" bildet. Übrigens: Vom Höhleneingang auf 1600 Metern Seehöhe sieht die Burg Hohenwerfen wie ein Riesenspielzeug aus. *Krie*

42 SALZBURG

Schätze aus dem Berg

Bad Gastein

Der Wasserfall von Bad Gastein liegt mitten im Ort.

Brausende Wasser, tosender Fall, / Einförmig, doch so melodischer Fall, / Müde der Körper, lauscht noch das Ohr, / Rauschen die Tön' so bekannt ihm doch vor, / Werfen schon glitzernde Perlen in' Traum – / Süßes Gedenken, zerstäubender Schaum. Fast scheint es, als habe Kaiserin Elisabeth, die diese Zeilen im Angesicht des Wasserfalls von Bad Gastein dichtete, prophetische Fähigkeiten gehabt. Denn mancher Gastein-Besucher kennt Momente, in denen es aussah, als wäre der alte Glanz des Weltbades wirklich nichts als „zerstäubender Schaum". Momente, in denen man sah, wie an den mondänen Hotelbauten der Zahn der Zeit nagte, wie die eine oder andere Herrlichkeit der Abrissbirne oder einer allzu forschen Sanierung zum Opfer fiel. Und doch hat der Ort, der zum großen Teil an den steilen Hang des Graukogels gebaut ist und einen Wasserfall von 340 Metern Höhe praktisch im Zentrum hat, nichts von seiner Anziehungskraft verloren. Wie vor 100 Jahren ragt der stolze Bau des Grand Hotel de l'Europe auf, in dessen Erdgeschoss sich das Casino befindet. In der Felsentherme und den zahlreichen Kureinrichtungen suchen die Menschen Entspannung und Heilung. Und auch welchen Reiz die herrliche Umgebung, der Zauber der Bergwelt hier ausüben, schlägt sich in den stolzen Übernachtungszahlen nieder. Das Publikum ist wohl nicht mehr so exklusiv wie zur großen Zeit Gasteins – aber soll man es bedauern, wenn das Paradies demokratisiert wird?

Immer schon waren es Schätze aus dem Berg, die dem Tal der Gasteiner Ache seinen Wohlstand brachten. Bereits die Kelten haben hier Goldbergbau betrieben, und er blieb die wichtigste Erwerbsquelle bis ins späte Mittelalter. Dann aber – eine urkundliche Erwähnung findet man erstmals im Jahr 1350 – gewann ein anderer „Schatz aus dem Berg" größere Bedeutung: Man entdeckte, dass die warmen Quellen, die am Fuß des Graukogels entspringen, heilkräftig sind. So hatte der Ort schon im 16. Jahrhundert einen guten Ruf als Heilbad, und nach einer Flaute von etwa 200 Jahren gab es im 19. Jahrhundert ein umso glänzenderes Comeback. Die Straßennamen sind ein Who's who der prominentesten Besucher – mit einem auffällig preußischen Einschlag:

Gasteinertal Tourismus GmbH, Tauernplatz 1, 5630 Bad Hofgastein, Tel. 06432/3393-0, www.gastein.com
Felsentherme Gastein, Bahnhofplatz 5, 5640 Bad Gastein, Tel. 06434/2223-0, www.felsentherme.com, geöffnet täglich 9–22 h

Denn neben der Kaiser-Franz-Joseph-, der Schubert- und der Grillparzerstraße findet man eine Kaiser-Wilhelm-Promenade und eine Bismarckstraße.

Die Heilkraft des Gasteiner Wassers beruht, wie man heute weiß, auf seiner natürlichen Radioaktivität, die wiederum auf den Gehalt an Radongas zurückzuführen ist, einem Zwischenprodukt radioaktiver Zerfallsreihen. Es gelangt beim Baden über die Atemwege und die Haut in den Körper, ohne sich dort dauerhaft anzureichern. Weil der Vorgang die Durchblutung fördert und körpereigene Entzündungshemmer aktiviert, erzielt man große Erfolge bei der Behandlung von Krankheiten des Bewegungsapparats, aber auch von Atemwegs- und Hauterkrankungen. Außerhalb von therapeutischen Anwendungen kann jedermann die belebende Wirkung des radonhaltigen Wassers in der „Felsentherme" an sich erproben. Diesen Namen trägt das Bad nicht zu Unrecht, denn seine Haupthalle ist teilweise in den Fels des Berges hineingebaut.

Seit einigen Jahrzehnten ist Bad Gastein auch ein bedeutendes Wintersportzentrum. Am Graukogel gibt es ein kleines, aber feines Skigebiet, vom Stubnerkogel kann man über eine Skischaukel hinüberpendeln zum Schlossalm-Skigebiet von Hofgastein. Zu ihm gehört mit den acht Kilometern der Hohe-Scharte-Nordabfahrt auch eine der längsten Pisten in den Ostalpen. Große Schneesicherheit bis ins Frühjahr hinein verspricht schließlich das nahe Sportgastein am Talschluss der Naßfelder Ache.

Die Verbindung von Wintersport und Thermalbadeanstalten gehört sicher zu den größten Pluspunkten im Gasteiner Tal. Das wird jeder bestätigen, der sich einmal nach einem langen Skitag im angenehm warmen Heilwasser regenerieren durfte.   *Ed*

Winter in Bad Gastein – hier können sich Körper und Seele erholen!

43 Park der Superlative

SALZBURG

Nationalpark Hohe Tauern

Die Stars des Tages waren zwei Einwanderer. Genau genommen waren sie nicht einmal freiwillig eingewandert. Denn die beiden jungen Bartgeier namens Calce und Romaris, die im Osttiroler Dorfertal in die Freiheit und Wildnis der Hohen Tauern entlassen wurden, waren ein Schweizer und ein Franzose, die man zunächst nach Wien gebracht und dort großgezogen hatte. Doch die Sympathie der Einheimischen war ihnen sicher und die Anteilnahme beachtlich: An die 500 Menschen verfolgten die ganz bestimmt nicht alltägliche Szene.

Zauber der Hochregion: Vergletscherte Bergflanken leuchten im Licht der tief stehenden Sonne.

Die Bemühungen, einen der größten flugfähigen Vögel der Welt wieder in den Hohen Tauern heimisch zu machen, sind ein ehrgeiziges und groß angelegtes Projekt, das der Nationalpark Hohe Tauern in Zusammenarbeit mit mehreren Partnern schon seit dem Jahr 1986 betreibt. Und trotzdem wagt man es kaum, sie besonders hervorzuheben – hat doch der Nationalpark so viele Naturwunder, Attraktionen und Superlative zu bieten, dass dergleichen dagegen fast schon wieder unbedeutend erscheinen muss.

Fangen wir mit den nackten Zahlen und Fakten an. Der Nationalpark erstreckt sich von der Venedigergruppe im Westen bis zur Ankogelgruppe im Osten; dazwischen liegt die Schober- und Glocknergruppe mit dem höchsten Berg Österreichs, dem Großglockner. Im Norden begrenzen ihn die Salzach und das Gasteinertal, im Süden reicht er bis zu den nördlichen Seitentälern der Drau. Anteil an ihm haben drei Bundesländer – Salzburg, Kärnten, Tirol –, und er ist der flächenmäßig größte geschützte Naturraum im gesamten Alpengebiet. Nicht weniger als 240 seiner Gipfel erheben sich auf über 3000 Meter Höhe. Spektakuläre Wasserfälle wie die von Krimml oder die Umbalfälle und riesige Gletscherflächen gehören zu seinem Gebiet. Man begreift: Hier handelt es sich um eine Landschaft, in der sich alles, was dort überleben will, Extrembedingungen anpassen muss.

So sind die Pflanzen und Tiere, die man in dieser Hochgebirgsregion antrifft, ausgesprochene „Spezialisten", die mit Kälte, Stürmen, karger Nahrung und extrem steilem Gelände zurechtkommen. Ob es nun die Gämsen, Murmeltiere und Schneehühner sind oder einfache Pflanzen wie Zwergstrauchheiden und Flechten. Erstaunliches gibt es von der Zirbe, einer im Hochgebirge wachsenden Kiefernart, zu berichten: Man weiß heute, dass sie in dieser lebensfeindlichen Umwelt über 1000 Jahre alt werden kann. Die ältesten Exemplare im Nationalpark könnten also schon unsere Vorfahren aus dem Mittelalter gesehen haben – soweit sich damals jemand die Mühe

---

Informationen zum Nationalpark Hohe Tauern und Erlebnisprogrammen beim Sekretariat des Nationalparkrates, Kirchplatz 2, 9971 Matrei i. O., Tel. 04875/5112-0, www.hohetauern.at
Informationen zu Unterkünften und weiteren Freizeitangeboten unter www.nationalparkferien.at
Besucherzentren: Nationalparkhaus Matrei i. O., Kirchplatz 2, 9971 Matrei i. O., Tel. 04875/5161-10, geöffnet Dezember bis März Mo bis Fr 14–18 h, Juli bis September von 10–18 h und auch an Sa, im Oktober mit Mittagspause; an Feiertagen jeweils geschlossen; BIOS Nationalparkzentrum Mallnitz, 9822 Mallnitz 36, Tel. 04784/701, geöffnet Mitte April bis Anfang Oktober täglich 10–18 h; Nationalparkzentrum Mittersill, Gerlos Straße 18, 5730 Mittersill, Tel. 06562/4040939, geöffnet täglich 9–18 h

auftat, in solch unwirtliche Regionen hinaufzuklettern.

Allerdings ist die Anwesenheit des Menschen in der Gegend – zwar kaum auf den Gipfeln und Gletschern, aber immerhin in den kargen Hochtälern und auf den Almflächen – auch schon eine uralte Erscheinung. Die ersten Ansiedelungen dürften bereits vor 5000 Jahren entstanden sein, wohl weil man nach Erzen suchte. Später haben Berg- und Almbauern dem Boden in mühevoller Arbeit das zum Leben Notwendige abgetrotzt und so eine Kulturlandschaft mit ganz eigenem Charakter geschaffen. Auch Teile von ihr gehören heute als „Außenzone" zum Nationalpark.

Für die Nationalparkverwaltung bedeutet die Verantwortung für dieses Schutzgebiet der Superlative auch einen diffizilen Spagat: Einerseits sollen menschliche Eingriffe in den sensiblen Naturraum natürlich weitestgehend verhindert werden; andererseits ist auch der Nationalpark letztlich für den Menschen da, den man hier weder aussperren kann noch will. Man meistert diesen Spagat durch ein breites Freizeit- und Bildungsangebot. Für die erste Information ist der Besuch eines der drei Besucherzentren in Matrei, Mittersill und Mallnitz mit ihren Dauerausstellungen und Sonderschauen empfehlenswert. Nach solcher „Indoor"-Aktivität kann man einen der zahlreichen Lehrwege gehen oder an einer geführten Wanderung mit den Nationalparkrangern teilnehmen. Wildbeobachtung wird ebenso angeboten wie Klettertouren oder Reiten. Im Winter gibt es Skitouren und Langlaufen. Und für die Zukunft des Nationalparks wird auch schon kräftig vorgesorgt: Mittlerweile gibt es in der gesamten Nationalparkregion an die 80 Partnerschulen. Dort werden zusätzlich zum normalen Unterrichtsstoff nationalparkbezogene Themen behandelt. Man darf also hoffen, dass sich auch die nachwachsende Generation mit der Nationalparkidee identifizieren wird. *Ed*

Harmonisches Nebeneinander von Natur und Zivilisation: Alm vor der eindrucksvollen Kulisse des Großglockners

44 SALZBURG

Und täglich grüßt das Murmeltier

Erlebniswelt Großglockner

Den Touristen bleibt fast das Herz stehen, wenn sie sehen, wie sich die Großglockner-Hochalpenstraße in gewaltigen Serpentinen ins Hochgebirge hinaufarbeitet. Dasselbe passiert mit den Murmeltieren, aber aus anderen Gründen. Diese eigenwilligen Nagetiere sind Meister der Anpassung ans raue hochalpine Klima. Also wird das Leben zwischen Oktober und April auf einen Minimalzustand heruntergeschraubt: Ein Herzschlag pro Minute, wenige Grade Körpertemperatur müssen reichen. So lässt es sich drei Meter unter der Eisoberfläche auf Monate cool durchschlafen. Ist der Frühling einmal da, dann drängt die Zeit: aufwachen, sich paaren, Junge werfen; nach 34 Tagen sind bis zu sieben Jungtiere auf der Welt. Täglich grüßt das Murmeltier, aber die scheuen Tiere (die es hier in großer Zahl gibt) sind gleich wieder weg. Es braucht schon ein Fernglas und einen guten Blick, um sie tatsächlich zu entdecken.

Entlang der Großglockner-Hochalpenstraße – 47 Kilometer zwischen Fusch (Salzburg) und Heiligenblut (Kärnten) – gibt es viele Haltepunkte, die dazu anregen, über die Natur, den Nationalpark Hohe Tauern und nicht zuletzt über den Menschen in der Wunderwelt der Alpen nachzudenken. Am Piffkar (1620 Meter) gibt es einen Naturlehrweg mit Vogelstimmen-Info, und in einem Museumsgebäude erfährt man, wie mühevoll die Säumer mit Tragtieren in früheren Jahrhunderten die Alpen überquert und Waren transportiert haben. Das „Museum Alpine Naturschau", auf 2260 Metern Seehöhe, ist das, was der Titel verspricht: eine Natur-Sehschule. Und wenn das Wetter nicht passt? Dann kann man die „Murmi-Show" wenigstens im Film sehen.

Jetzt sind es aber noch dreihundert Höhenmeter und viele, viele Kurven bis zum höchsten Punkt der Passstraße: der Edelweißspitze mit 2571 Metern. Eine „Informationsstelle Greifvögel", eine Naturschau zum Thema „Wunderwelt Glocknerwiesen" (140 Pflanzenarten, darunter einige Orchideen) und ein geologischer Lehrweg stillen das naturkundliche Wissensbedürfnis motorisierter Glockner-Besucher.

Die Kinder finden eine Überraschung neben dem nördlichen Tunnelportal am Hochtor vor: Da ist es auch im August, zu einer Zeit, da sonst alle unter den Hundstagen stöhnen, noch weiß, nämlich auf der Naturschneerutschbahn. Es wurde ein Kinderspielplatz zum Thema „Bau der Straße" eingerichtet: Mit Rutschen, Aufstiegshilfen und Sandbeförderungsanlagen können die Kinder spielerisch erkunden, mit wie viel Aufwand damals, zwischen 1930 und 1935, diese Straße angelegt wurde.

Was hat überhaupt österreichische Politiker in der Zwischenkriegszeit zu diesem

---

Die Großglockner-Hochalpenstraße ist, je nach Witterung, von Anfang Mai bis Anfang November zu befahren (mautpflichtig!).
Nachtsperre im Sommer 21.30–5 h, vor dem 16. Juni und nach dem 15. September von 20.30 bzw. 19.30 – 6 h. Letzte Einfahrt 45 Minuten vor Beginn der Nachtsperre. Die Ausstellungen entlang der Glocknerstraße (die Maut-Tageskarte schließt deren Besuch ein) sind täglich 10–17 h geöffnet.
Info: Tel. 06546/650, www.grossglockner.at
Anreise: Von Salzburg über das „Deutsche Eck" (Lofer, Saalfelden) oder über die Tauernautobahn und Bischofshofen nach Bruck an der Glocknerstraße (nahe Zell am See) und Fusch. Oder von der Kärntner Seite über Villach und Spittal an der Drau (Abfahrt Tauernautobahn) nach Heiligenblut

damals schier wahnwitzig anmutenden Straßenbau bewogen? 1924 machten sich einige Straßen-Utopisten an die Planung – und ihr Vorhaben wurde milde belächelt. Damals hatten Österreich, Deutschland und Italien ja zusammen gerade 2000 km asphaltierte Straßen! Den entscheidenden Anstoß gab der New Yorker Börsenkrach 1929. Die Wirtschaftsleistung sackte dramatisch ab, die Arbeitslosigkeit erreichte 26 Prozent. Da kam dieses Projekt mit 3200 Beschäftigten gerade recht. Der Staat hoffte, die Kosten für die Bauarbeiter später mit den Mauteinnahmen wieder hereinzubringen. 1934 war die Trasse so weit gelegt, dass sich der Salzburger Landeshauptmann Franz Rehrl und der Kärntner Landesbaurat Franz Wallack mit einem „auffrisierten" Steyr-100-PKW auf die große Fahrt machen konnten. Dieser 23. September 1934 ging in die Geschichte ein: die erste Alpenüberquerung mit einem PKW. 1935 wurde dann die Großglockner-Hochalpenstraße eröffnet.

Am Abzweig in Richtung Franz-Josefs-Höhe fährt kein Glockner-Tourist vorbei. Es ist wahrscheinlich das exponierteste mehrstöckige Parkhaus in den Alpen, aber eben auch ein beispiellos schöner Punkt in der Landschaft. Die Pasterze hat zwar schon bessere Zeiten gesehen, aber sie ist immer noch der längste Gletscher der Ostalpen. Staunend beobachten die Besucher, wie wagemutige Kletterer den Anstieg auf den höchsten Berg Österreichs über die Pallavicini-Rinne in Angriff nehmen. Eine lohnende kurze Wanderung führt zur erst 1998 errichteten Wilhelm-Swarovski-Beobachtungswarte. Der Begründer der Tiroler Glasschleiferei war leidenschaftlicher Alpinist. Mit bestem optischen Gerät kann man aus der nach ihm benannten, verglasten Warte scharfe Blicke auf Extrembergsteiger, Tier- und Pflanzenwelt richten. *Krie*

Eigentlich verdankt sie ihre Entstehung einer Arbeitsbeschaffungsmaßnahme: die Großglockner-Hochalpenstraße

45 SALZBURG

Niagara in Österreich

WasserWunderWelt

Auch die WasserWunderWelt gehört zum Nationalpark Hohe Tauern.

Ein Hauch von Niagarafällen in Salzburg? Mit einer Gesamt-Fallhöhe von 380 Metern sind die Krimmler Wasserfälle die fünfthöchsten der Welt. Nur der Wassermenge, nicht der Fallhöhe nach sind die Niagarafälle eindrucksvoller. Die Krimmler Ache lässt in zehn Stunden etwa 1,08 Milliarden Liter ins Tal stürzen. Stellt man sich das Empire State Building als ein überdimensionales Wasserfass vor – es wäre in diesen zehn Stunden randvoll. Der Europarat hat jenen, die diese Salzburger Wasserattraktion sauber und vor allem für Touristen sicher begehbar halten, das „Naturschutzdiplom" zuerkannt – sie sind die einzigen Träger dieser Auszeichnung in Österreich. Man wandert, je nach Kondition, auf hölzernen Stegen entlang des tief eingeschnittenen Felsencanyons zur ersten, zweiten oder gar zur dritten Stufe der „dreistöckigen" Wasserfälle. Man kann sich dabei zwischen einem zehnminütigen Spaziergang und einer Vier-Kilometer-Wanderung entscheiden.

Aber es geht noch bequemer: Das große Fernrohr in der „WasserWunderWelt" ermöglicht ohne Gehaufwand einen Nahblick auf die stürzenden Wassermassen. Die „WasserWunderWelt" ist die logische Ergänzung zum eindrucksvollen Naturspektakel. In diesem kleinen, feinen Themenpark werden fast alle Fragen zum Wasser gestellt und beantwortet. Wie viel Wasser trinkt ein Elefant durchschnittlich in seinem Leben? Bei 130 Litern Flüssigkeit pro Tag und einem Elefantenleben von vierzig Jahren bringt er es auf zwei Millionen Liter. Eine Maus hingegen trinkt fünf Gramm täglich, aber das sind bei einer (optimistischen) Lebenserwartung von drei Jahren immerhin auch noch fünf Liter. Ein Schnelltrinker ist das Kamel: Acht Liter pro Minute säuft es, wenn es nach einem Wüstenmarsch endlich wieder etwas zum Auftanken gibt. Wenn wir schon bei Zahlenspielereien sind: Der Wolfgangsee im Salzkammergut könnte etwa fünfzig Tage den Trinkwasserbedarf der Weltbevölkerung decken. Und noch ein Kuriosum: Drei Milliarden Liter Wasser gehen weltweit pro Tag fürs Autowaschen drauf. Mit dieser Menge könnte man alle Afrikaner zwei Tage lang mit Trinkwasser versorgen. Manche Menschen in der Sahelzone wird diese Nachricht leicht irritieren.

Viele Überraschungen verbergen sich im Haus des Wassers. Die Besucher werden mit

Den Wasserfallweg und die „WasserWunderWelt" kann man von 1. Mai bis 31. Oktober gemeinsam besichtigen. Zwischen Weihnachten und Ostern kann man die „WasserWunderWelt" nur eingeschränkt erleben – und teilweise ohne Wasserfälle.
Info: Tel. 06564/20113, www.wasserwunderwelten.at
Anreise: Von Salzburg über das „Deutsche Eck" oder über die Tauernautobahn und Bischofshofen nach Zell am See und weiter über St. Johann (Tirol) und Kitzbühel bis Krimml (120 km).

Mit 380 Metern Fallhöhe gehören die Krimmler Wasserfälle zu den größten der Welt.

Frage-und-Antwort-Spielen beschäftigt und zu physikalischen Versuchen angeregt. Wer kann schon aus dem Stegreif die Funktion der „archimedischen Schraube" erklären? Der Grieche Archimedes erfand diese Kurbelvorrichtung zum Heben von Wasser. Ein kleines Wunder ist der lautlose Wasserstrahl: Wie ein Stab sieht diese Wassersäule aus, aber wenn ein Besucher in die Hände klatscht oder gar aufschreit, dann irritiert das den lautlosen Strahl merklich – ein sensibles Wesen mit Eigenleben! Eine raffinierte Apparatur lässt hingegen das Wasser brüllen, schluchzen und singen. Man braucht nur an den rechten Knöpfchen zu drehen. Der „Aqua.Artist" ist eine speziell für die WasserWunderWelt entwickelte Wasserstrahl-Jongliermaschine. Im Freiluftgelände, dem „Aqua-Park", sollte man Berührungsängste mit dem kühlen Nass ablegen. Für die kleinen Besucher gibt es das „Aqua-Gaudium" mit jeder Menge Wasserspielzeug. Beinahe unverzichtbar in einer Wasser-Erlebniswelt wie dieser ist eine Kneippanlage. Pfarrer Sebastian Kneipp (1821–1897) war kein Salzburger, sondern lebte und wirkte im bayerischen Allgäu. Aber Josef Ressel (1793–1857) war ein Österreicher; er kam auf die Idee, Dampfmaschinen für den Schiffsantrieb zu nutzen, und erfand die Schiffsschraube: Klar, dass ihm ein Ehrenplatz unter den Wassertechnikern in der WasserWunderWelt zukommt. Und dann wieder Indoor: Krönender Abschluss eines Besuchs in der WasserWunderWelt ist das Multivisionskino. Michael Schlamberger, ein viel beschäftigter Naturfilmer für „Universum", hat das Phänomen Wasser in eindrucksvollen Bildern gebannt. Die Krimmler Wasserfälle sind Teil des Nationalparks Hohe Tauern, an dem die Bundesländer Salzburg, Tirol und Kärnten Anteil haben und der das größte Naturschutzgebiet Mitteleuropas ist. *Krie*

46 SALZBURG

Wo es schon der Kaiserin gefiel

Rund um den Zeller See

Der hohe Besuch wollte inkognito bleiben. Aber das stellte sich als unmöglich heraus. Als Bergführer Ulmann in aller Herrgottsfrühe auf dem Marktplatz von Zell am See mit der ihm anvertrauten Dame zusammentraf, redete er sie an mit: „Majestät, gemma hiaz?"

Kaiserin Elisabeth von Österreich, heute international bekannt als „Sisi", wird wohl selbst nicht recht gewusst haben, ob sie sich darüber freuen oder ärgern sollte. Die menschenscheue Monarchin wollte an diesem Augustmorgen im Jahr 1885 eigentlich nur einmal „ohne Trubel sein" und einen Sonnenaufgang auf der Schmittenhöhe erleben. Ihr Kommen war nicht angekündigt. Und so war es auch für den Inhaber des Berghotels auf der Schmittenhöhe, Carl Haschke, eine große Überraschung, als um sechs Uhr morgens die Kaiserin in seinem Haus auftauchte – gefolgt von ihren nach Luft schnappenden Begleitern, denn das Marschtempo, das Elisabeth bei ihren Wanderungen anschlug, war berüchtigt.

Es war anscheinend schon zur damaligen Zeit nicht einfach, das herrliche Panorama auf der Schmittenhöhe, dem Hausberg von Zell am See, ganz für sich zu haben. Im Jahr 1875 war die „Giselabahn" von Salzburg nach Wörgl eröffnet worden – zunächst gar nicht zur Freude der Einwohner der Marktgemeinde. Josef Salzmann, der damalige Bürgermeister, versuchte vergeblich zu erwirken, dass die Trasse über Thumersbach auf der anderen Seeseite geführt würde, und die Eisenbahngegner schlossen sich in einem „Verschönerungsverein" zusammen. Aber schon bald sah man auch die Chancen der neuen Zeit. Die Voraussetzungen für Tourismus im modernen Sinne waren geschaffen. Und so konnte man jetzt mit den Pfunden wuchern, mit denen die Natur die Gegend so reich beschenkt hatte. Ein See, der im Sommer angenehme Badetemperaturen bietet, im Winter aber durchaus einmal unter einer kräftigen Eisdecke liegen kann. Und die ganze Szenerie mitten zwischen herrlichen Bergen, die eine Reihe von schönen Aussichtspunkten bieten, die Eisriesen der Hohen Tauern im Blick. Genießer und Gemütliche kommen hier ebenso auf ihre Kosten wie die Sportlichen – obwohl die Tourismuswerbung mit ihrem Slogan von der „Europasportregion" Zell am See-Kaprun eher auf die Letzteren abzuzielen scheint. Sicherlich – gerade für sie ist hier viel geboten. Im Sommer kann man auf dem Zeller See segeln, man kann mit dem Mountainbike oder Rennrad anspruchsvolle Strecken in Angriff nehmen und Tennis oder Golf spielen. Die Skifahrer und Snowboarder haben sowieso die Qual der Wahl: zwischen der Schmittenhöhe, dem nahen Saalbach-Hinterglemm und Kaprun, wo das Gletscherskigebiet auch Sommerbetrieb zulässt. Aber was spricht eigentlich gegen ein gemütliches Flanieren an der Seepromenade? Wem das nicht reicht, der kann – in etwa zwei Stunden – auch den ganzen See zu Fuß umrunden – oder wenigstens zur anderen

Tourismusverband Zell am See-Kaprun, Brucker Bundesstraße 1a, 5700 Zell am See, Tel. 06542/770, www.zellamsee-kaprun.com
Schmittenhöhenbahn und Schifffahrt am Zeller See: 06542/789-0, www.schmitten.at

Seeseite gehen und mit dem Schiff zurückkehren, denn im Sommer gibt es fahrplanmäßigen Linienverkehr. Die Schmittenhöhe kann man zu allen Jahreszeiten auch mit der Seilbahn „erklimmen" und dann von oben die Aussicht genießen oder kleine Wanderungen zu den benachbarten Gipfeln unternehmen. Berühmt ist der „Pinzgauer Spaziergang", eine Höhenwanderung, die allerdings nicht ganz so anspruchslos ist, wie es der Name vermuten lässt: Zwar ist dieser panoramenreiche Weg leicht zu gehen und weist auch keine besonderen Höhenunterschiede auf – aber die Länge ist doch beträchtlich: Man muss sechs bis sieben Stunden Gehzeit einrechnen, ehe man mit der Schattbergbahn nach Saalbach hinterfahren und von dort per Bus nach Zell am See zurückkehren kann.

Und wer auf den Spuren von Kaiserin Elisabeth wandelt, der findet auf der Schmittenhöhe auch eine Erinnerungsstätte an sie: die hölzerne Elisabethkapelle. Hotelier Haschke errichtete sie zum Gedenken an die Monarchin, die im Jahr 1898 in Genf einem Attentat zum Opfer fiel. *Ed*

Schon Kaiserin Elisabeth liebte dieses Panorama: Blick auf den Zeller See

47 TIROL

Juwel mit bewegter Geschichte

Schloss Bruck in Lienz

Im Pustertal an der Mündung der Isel in die Drau liegt Lienz, der zentrale Ort Osttirols mit seinem pittoresken Stadtkern. Als wichtiger Verkehrsknotenpunkt galt der Ort schon in der Antike, und noch ältere Besiedlungsspuren weisen darauf hin, dass vor über 4000 Jahren Kelten in diesem Gebiet lebten. Im Süden wird die Stadt überragt von den felsigen Formationen der Lienzer Dolomiten, und westlich der Bezirksstadt liegt direkt vor dem Hausberg Hochstein ein kleiner Hügel. Dieser Ort sollte den Grafen von Görz mehr als 200 Jahre, nämlich von 1278 bis 1500, als Residenz dienen, hier ließen sie Schloss Bruck erbauen.

Als der letzte Görzer Graf Leonhard ohne Nachkommen starb, fielen seine Ländereien an den späteren Kaiser Maximilian I. Der verlor nicht viel Zeit und veräußerte im Jahr darauf Lienz nebst Schloss für 22 000 Gulden an Michael Freiherr von Wolkenstein-Rodenegg, dessen Nachkommen etwa hundert Jahre dort blieben. Doch das alte Gebäude war wohl zu kalt, und so errichteten Christoph und Sigmund von Wolkenstein-Rodenegg ein neues Domizil mitten in Lienz, die Liebburg. Sie steht am Hauptplatz der Stadt und wird heute als Rathaus genutzt.

Doch zurück zu Schloss Bruck, dessen Name übrigens von der Brücke stammt, die unterhalb des Schlossbergs über die Isel führt. Ringmauern von eineinhalb Metern Stärke umschließen die Anlage, zusätzlich schützend war die Tatsache, dass die Burg nur einen Zugang hat. Erbaut wurde die mächtige Residenz in den Jahren 1252 bis 1277 und beherrscht seitdem den Ausblick von Lienz nach Westen. Baukörper aus acht Jahrhunderten finden sich rund um den großen Innenhof, besonders markant sind die mächtigen Zinnen, doch der Rittersaal bildet das Herz des Schlosses. Auch die zweigeschossige Burgkapelle ist sehenswert, ihre Fundamente stammen noch aus romanischer Zeit. Sowohl Ober- als auch Unterkapelle wurden vom Pustertaler Maler Simon von Taisten um 1500 mit farbintensiven Fresken reich geschmückt. Der Stil des Künstlers gilt als eher volkstümlich, seine Bilder und Fresken findet man heute unter anderem in Museen in Bozen und Innsbruck, aber auch in den Kirchen von Innichen, Lavant oder Heiligenblut. Die Malereien in der Burgkapelle von Schloss Bruck sind sein bedeutendstes Werk.

Ende des 18. Jahrhunderts war eine Kaserne im Schloss untergebracht, später war es ein Gasthaus, beherbergte zeitweilig eine Brauerei, ein Spital und eine Spedition.

Seit 1943 ist das Schloss das Museum von Lienz und somit jedem zugänglich. Hier finden sich neben dem Heimatmuseum des Bezirks Osttirol mit Kunstwerken und Exponaten zur regionalen Volkskunde auch archäologische Funde

Lienz Tourismus, Schlossberg 1, 9900 Lienz, www.stadt-lienz.at
Schloss Bruck: www.museum-schlossbruck.at, Tel. 04852/62580, 18. Mai bis 27. Okt., 10 – 18 h (Mo geschl., Juli – August tägl.), Sept. u. Okt. Di bis So 10 – 16 h

aus der Tiroler Römerstadt Aguntum sowie die größte Sammlung von Werken des Malers Albin Egger-Lienz.
Ein besonderes Kleinod des Schlosses ist der umgebende Park inmitten eines schönen Mischwaldes, der zu Spaziergängen geradezu einlädt. Ein Themenweg, der Wissenswertes zur Burg und ihren Bewohnern sowie zur Natur der Gegend erläutert, markiert eine mögliche Strecke.

Am Ende eines Tages auf Schloss Bruck – nach der Besichtigung der Grafenresidenz, einem Besuch der Museen und einem ausgedehnten Spaziergang im Park – sollte man es sich bei einer Jause auf der Sonnenterrasse des Schlosscafés gut gehen lassen.
Hier kann man den herrlichen Blick auf die Sandspitze genießen, sie ist mit 2772 Metern der höchste Berg der Lienzer Dolomiten. *DBG*

Gerade schöne Herbsttage laden ein, die Anlagen rund um Schloss Bruck zu durchstreifen.

48 TIROL

Perle und Kriegsbeute
Kufstein und seine Festung

„Die Perle Tirols" – so heißt Kufstein in dem bekannten, schon reichlich abgedroschenen Lied. Trotzdem – es ist zweifellos eine treffende Beschreibung für die malerisch am Inn gelegene, von einer massigen Festung beherrschte Stadt. Schon die Fürsten früherer Zeiten hätten die Bezeichnung sehr passend gefunden. Dabei hat sie allerdings weniger die Schönheit der Perle fasziniert als ihr purer Marktwert. Denn diese Engstelle des Unterinntales war immer ein strategisch wichtiger Punkt. Wer sich hier festsetzen konnte, kontrollierte den Zugang zum Tal, das im Übrigen auch ein wichtiger Verkehrsweg war. Kein Wunder, dass hier schon 1205 zum ersten Mal die Existenz einer Festung urkundlich belegt ist. Kein Wunder auch, dass der Ort immer wieder heiß umkämpft war. Besonders stark in das historische Bewusstsein eingebrannt haben sich die Ereignisse des Jahres 1504. Vielleicht auch deswegen, weil Kufstein seit dieser Zeit – von einem kurzen Zwischenspiel in der napoleonischen Zeit abgesehen – immer tirolisch geblieben ist (vorher gehörte es über lange Zeiten den Bayern). Vor allem aber, weil es sich um spektakuläre und ausgesprochen blutige Ereignisse handelte, die sich damals abspielten.

Ein Konflikt zweier Linien des bayerischen Herrschergeschlechts der Wittelsbacher sorgte für europaweite Verwicklungen. Die Herzöge von München kämpften gegen die Herzöge von Landshut. Der Münchner, Albrecht, hatte sich mit dem Habsburger Maximilian, dem späteren Kaiser, verbündet und ihm als Gegenleistung für die Waffenhilfe die Landgerichte Kufstein, Rattenberg und Kitzbühel versprochen – sie befanden sich zur damaligen Zeit in Landshuter Besitz. Maximilian hatte allerdings größte Mühe, den Besitzanspruch durchzusetzen. Der Kufsteiner Festungskommandant Hans von Pienzenau, der die Stadt schon dem Habsburger übergeben hatte, wechselte noch einmal die Fronten. Um die martialischen Befestigungen sturmreif zu schießen, mussten die zur damaligen Zeit stärksten Kanonen aufgeboten werden: Hinter den schönen Namen „Weckauf" und „Purlepauß" verbargen sich Ungeheuer, die 100 Kilogramm schwere Eisenkugeln verschießen konnten. So gelang schließlich die Eroberung. Das Verhalten der Verteidiger wurde von Maximilian als Hochverrat angesehen, 18 Todesurteile wurden vollstreckt.

Heute ist die Festung in der Hand der Touristen, Ausflügler und des kulturell interessierten Publikums – auch aus Bayern. Die eindrucksvollen Anlagen sind zur Besichtigung freigegeben. Außer Befestigungen und Kanonen gibt es Ausstellungen, einen Skulpturenzyklus „Tanzkunst in Bronze" sowie einen Nutzpflanzen- und Kräutergarten zu sehen. Weiters ist das Heimatmuseum der Stadt Kufstein hier untergebracht. Regelmäßig finden auf der Festung Konzerte, Opern und Tanzaufführungen statt. Im kleineren Rahmen im Kaiserturm, als große Open-Air-Veranstaltungen in der sogenannten Josefsburg, einem vorgelagerten Festungshof. Genau genommen eigentlich nicht ganz „Open Air": Denn bei schlechtem Wetter lässt sich innerhalb weniger Minuten ein raffiniert

---

Ferienland Kufstein, Unterer Stadtplatz 8, 6330 Kufstein, Tel. 05372/62 207, www.kufstein.com
Festung Kufstein, Oberer Stadtplatz 6, 6330 Kufstein, Tel. 05372/66 525, www.festung.kufstein.at, geöffnet Ende März bis Anfang November täglich 9–18 h, in der übrigen Zeit 10–17 h. Das Heimatmuseum ist im Winter geschlossen.

konstruiertes Schutzdach über Besucher und Künstler spannen.

Auch der Rundblick von den alten Bastionen über die Stadt und auf die umliegenden Berge ist eindrucksvoll. Allerdings seien dem Besucher noch zwei andere schöne Aussichtspunkte verraten, die den Vorteil haben, dass man hier die Festung von oben betrachten kann. Der bekanntere liegt am Aufstieg vom Ortsteil Sparchen ins Kaisertal. Aber auch der Ausblick vom Thierberg auf der gegenüberliegenden Talseite lohnt die kleine Mühe des Aufstiegs. Auch hier gibt es Reste einer alten Befestigungsanlage, außerdem die Wallfahrtskapelle zum heiligen Johannes dem Täufer zu besichtigen. Wer Kufstein besucht, sollte sich unbedingt die Heldenorgel anhören, eine Freiluftorgel im Bürgerturm der Festung, die jeden Tag um 12 Uhr mittags gespielt wird. Gebaut wurde sie 1931 zum Gedenken an die Gefallenen des Ersten Weltkrieges. Heute mag man ihre Töne, die weithin über die Stadt klingen, als eine Mahnung zum Frieden verstehen – gerade an einem Ort, der in so viele kriegerische Auseinandersetzungen verwickelt war, weil er das Pech hatte, die „Perle Tirols" zu sein. *Ed*

Hier zeigt sich Kufstein von seiner schönsten Seite: Innfront und Festung

49 Wahnsinn, wir sind „in"

TIROL

Nobelort Kitzbühel

Berühmt und berüchtigt: das Abfahrtsrennen auf der „Streif"

„Die sind alle komplett verrückt. Ich fahr da nicht runter." So will es kein Geringerer als Skistar Franz Klammer gesagt haben, als er im Alter von 19 Jahren zum ersten Mal im Starthäuschen der berühmt-berüchtigten „Streif" stand – der Abfahrt vom Hahnenkamm in Kitzbühel, die zu den härtesten Rennen im Skiweltcup gehört. Wie man weiß, ist er aber doch gefahren und hat später an gleicher Stelle viermal gesiegt. Ob es genauso gewesen ist beim Streif-Debüt von Franz Klammer oder ob hier Legendenbildung im Spiel ist, wollen wir dahingestellt lassen. Sicher ist, dass auch die weltbesten Skifahrer die Hahnenkammabfahrt mit gehörigem Respekt angehen, und das aus gutem Grund. Denn schon am Start ist die Piste 50 Prozent steil, und bald darauf, an der „Mausefalle", kommt ein Abschnitt mit 85 Prozent Gefälle – und dann der berüchtigte Sprung, an dem schon Weiten erreicht wurden, die sich mit manchem Skispringen messen können. So gehören leider auch schwere Stürze immer wieder dazu zu dem spektakulären Skirennen, das trotzdem niemand aus der Ski-Szene missen möchte.

Wenn man schon der Skistadt Kitzbühel seine Reverenz erweist, sollte man aber auch darüber schreiben, was sie dem „normalsterblichen" Skifahrer zu bieten hat. Denn das ist eine ganze Menge. Rund 170 Kilometer präparierte Piste aller Schwierigkeitsgrade gehören zum Gebiet der Kitzbüheler Bergbahnen. Ein besonderer Genuss für den, der ein bisschen Kondition mitbringt, ist die „Elefantenrunde": Man startet am Hahnenkamm und „hangelt" sich durch eine abwechslungsreiche Berglandschaft über interessante Abfahrten bis zum 15 Kilometer entfernten Pass Thurn. Dabei überwindet man immerhin 6000 Höhenmeter!

Stolz kann Kitzbühel auch auf seine lange Tradition als Wintersportort sein. Die Initialzündung geht auf einen Norweger zurück: Der Polarforscher Fridtjof Nansen hatte im Jahr 1888 Grönland auf „Schneeschuhen" durchquert und ein Buch darüber geschrieben. Das faszinierte einen Wahl-Kitzbüheler namens Franz Reisch so sehr, dass er sich aus Norwegen solche Schneeschuhe kommen ließ und zur Belustigung der Einheimischen damit herumzurutschen begann. Als er 1893 mit Schneeschuhen das Kitzbüheler Horn erklomm und darüber einen Bericht veröffentlichte, erregte das Aufsehen weit über die Tiroler Grenzen hinweg. Und schon 1895 fand in Kitzbühel das erste Skirennen statt, wiederum auf Initiative von Reisch. Damit spielte der Ort eine wichtige Rolle bei dem gerade in dieser Zeit ausbrechenden Skiboom in den Alpen und bekam

Kitzbühel Tourismus, Hinterstadt 18 (neben dem Kino), 6370 Kitzbühel, Tel. 05356/66660, www.kitzbuehel.com
Bergbahnen: Bergbahn AG Kitzbühel, Hahnenkammstraße 1a, 6370 Kitzbühel, Tel. 05356/6951, www.bergbahn-kitzbuehel.at
Bergbahnmuseum: geöffnet Ende Mai bis Mitte Oktober tägl. 10–16 h; Info unter www.bergbahn-kitzbuehel.at/de/bergbahnmuseum.html

mit der Zeit sein heutiges mondänes Flair. Aber auch in früheren Zeiten war Kitzbühel schon ein durchaus wohlhabender Ort. Denn seit dem 16. Jahrhundert wurde hier Kupfer- und Silberbergbau betrieben. Das kann man den stolzen alten Bürgerhäusern, wenn sie auch stilistisch an die landesüblichen Bauernhäuser angelehnt sind, sehr wohl ansehen.

Lohnend ist ein Besuch der Kitzbüheler Kirchen: Die gotische Katharinenkirche in der Vorderstadt besitzt einen sehenswerten Flügelaltar. Markant prägen die „Skyline" von Kitzbühel aber vor allem die ursprünglich gotische, später barockisierte Pfarrkirche St. Andreas und die doppelgeschossige Liebfrauenkirche. Während die massige Pfarrkirche einen fast filigranen Zwiebelturm besitzt, verschwindet bei der benachbarten Liebfrauenkirche das Kirchenschiff fast unter dem breiten, massigen Turm mit seiner Spitzhaube. Er entstand im 16. Jahrhundert, als die aufstrebende Bergbaustadt Kitzbühel sich „standesgemäße" Kirchenglocken anschaffte, für die der Turm der Stadtpfarrkirche einfach zu schwach gebaut war.

Bleibt noch zu erwähnen: Auch im Sommer ist Kitzbühel interessant. Natürlich zum Bergwandern und Mountainbikefahren – aber es gibt mit dem Schwarzsee auch einen kleinen, idyllisch gelegenen Badesee, dem man unbedingt einen Besuch abstatten sollte. Und wer auch zur warmen Jahreszeit auf die „Streif" nicht verzichten will, für den bietet das Bergbahnmuseum in der Bergstation der Hahnenkammbahn eine besondere Attraktion: einen Skisimulator, in dem man eine virtuelle Abfahrt über die gefürchtete Strecke in Echtzeit miterleben kann. Von hier startet auch die Streifwanderung, die mit Toren an den Schlüsselstellen markiert ist. *Ed*

Die „Skyline" von Kitzbühel wird von den Türmen der Liebfrauenkirche (links) und der Pfarrkirche (Mitte) geprägt.

50 TIROL

Lohnender Preis – mit oder ohne Schweiß

Die Zillertaler Höhenstraße

Für ehrgeizige Radfahrer ist die Auffahrt zur Höhenstraße eine Herausforderung – und die Weiterfahrt ein landschaftlicher Genuss.

Recht ausführliche Informationen über diese Straße findet man im Internet sehr schnell auf einer Seite namens *quäldich.de*. Was aber keineswegs heißt, dass etwa in den zahlreichen Almhütten längs des schmalen Asphaltbandes sich geheime Treffpunkte der deutschen Sadomasoszene befänden. Obwohl man dem Anliegen, um das es geht, durchaus masochistische Züge nachsagen kann: dem Befahren von Bergstraßen per Rennrad. Und es wundert einen nicht, wenn man liest, wie hier die Zillertaler Höhenstraße bewertet wird: als extrem hart in der Auffahrt – die Neigungen bleiben über weite Strecken oberhalb der Zehn-Prozent-Marke und steigen stellenweise bis 18 Prozent an –, aber als beinahe unübertrefflicher Leckerbissen, was die landschaftliche Schönheit angeht. Wobei übrigens auch der gute Zustand der Straße gelobt wird.

Die 48 Kilometer lange Strecke, die in Höhen bis knapp über 2000 Meter führt, ist also bestimmt nichts für einen mäßig ehrgeizigen Radwanderer. Aber das macht nichts: Denn schließlich ist es möglich und erlaubt, sie auch mit einem motorisierten fahrbaren Untersatz unter die Räder zu nehmen. Für die etwa 20 Kilometer Zentralstrecke zwischen Bodenanger oberhalb Kaltenbach und der „Sportalm" von Schwendberg wird dabei eine Mautgebühr fällig – die dem tapferen Fahrradrecken dagegen erspart bleibt.

Wer zur Tour auf dieser Straße aufbricht, sollte mit der richtigen Einstellung starten: Der Weg ist das Ziel. Wer nur Kilometer fressen will, ist hier fehl am Platz. Das zeigen auch die enttäuschten Kommentare mancher ungeduldiger Motorradfahrer, die den Eindruck hatten, nicht vom Fleck zu kommen, obwohl sie sich schon als Raser vorkamen. Nein, es ist besser, man lässt den Fuß (beziehungsweise die Hand) vom Gas und stellt das Landschaftserlebnis in den Vordergrund, genießt in Ruhe den Blick auf die Schneehäupter des Alpenhauptkammes, die manchmal geradezu schwindelerregenden Tiefblicke ins Tal, die Hochgebirgsmatten mit ihren einsamen Almhütten. Man sollte öfter einmal eine Rast einlegen, denn das Fahren auf der schmalen, oft an steilen Hängen entlangtänzelnden Straße erfordert durchaus Konzentration. Man kann dann ein Stückchen über die Bergwiesen spazieren und den Duft des Almgrases in vollen Zügen einatmen. Für Gipfelstürmer bietet sich die Straße auch als Ausgangspunkt für längere

---

Die Zillertaler Höhenstraße ist etwa von Ende Mai bis Ende Oktober befahrbar (die genaue Dauer der Wintersperre richtet sich nach der Schneelage). Sie ist im Zentralbereich zwischen Bodenanger und der Sportalm Schwendberg mautpflichtig.
Info: Tourismusverband Erste Ferienregion im Zillertal, Fügen-Kaltenbach, Hauptstraße 54, 6263 Fügen, Tel. 05288/62 262, www.zillertaler-hoehenstrasse.com, www.best-of-zillertal.at
Fahrpläne für Busverkehr: Zillertaler Verkehrsbetriebe AG, Zillertalbahn, Austraße 1, 6200 Jenbach, Tel. 05244/606-0, www.zillertalbahn.at

Wanderungen an, etwa auf den Marchkopf oder den 2762 Meter hohen Rastkogel. Aber auch das leibliche Wohl braucht man nicht zu vernachlässigen: Immer wieder laden Berggasthäuser und Jausenstationen (hier spürt man wieder einmal, wie passend das Wort „Station" in diesem Zusammenhang eigentlich ist) zur Einkehr ein. Landschaftlich am schönsten ist es, wenn man die Strecke von Nord nach Süd befährt – dann hat man die eindrucksvolle Kulisse der Zillertaler Alpen immer wieder direkt vor sich. Man startet dabei in Ried und beendet die Tour in Hippach. Es gibt aber auch mehrere Möglichkeiten, unterwegs ein- oder auszusteigen: Auffahrten zur Höhenstraße findet man in Kaltenbach, Aschau und Zellbergeben.

Die Alternative zur kraft- oder konzentrationsintensiven Fahrt mit dem Rad oder Auto ist es, sich fahren zu lassen: Es gibt zahlreiche einschlägige Angebote von Bus- und Taxiunternehmen. Von Hippach aus erreicht sogar ein Linienbus den höchsten Punkt der Straße am Melcherboden auf 2020 Metern Meereshöhe.
Was bei einer so exponiert gelegenen Straße aber auch klar ist: Sie kann nur während der Sommermonate befahrbar gehalten werden. Im Winter ruht sie unter einer oft meterdicken Schneedecke. Und wenn man beim Skifahren im Kaltenbacher Gebiet ihre Trasse kreuzt, merkt man meist gar nicht, dass man gerade eine der ganz faszinierenden Bergstraßen Österreichs überquert hat. *Ed*

Steile Hänge, ein schmales Asphaltband, ein sagenhaftes Bergpanorama – das ist Höhenstraßen-Feeling pur!

51 Weltstadt mit Augenmaß

TIROL

Die Altstadt von Innsbruck

Eine Sehenswürdigkeit Innsbrucks kennt wohl jeder: das Goldene Dachl. Aber was es mit seiner Entstehung auf sich hat, dürfte nicht allgemein bekannt sein. Der prunkvolle, mit fast 3000 vergoldeten Kupferschindeln eingedeckte Erker soll an eine Hochzeit erinnern, deren Umstände uns heute merkwürdig vorkommen. Dabei war der Vorgang zur damaligen Zeit durchaus nicht unüblich.

Im November 1493 heiratete der Habsburger Maximilian, der spätere Kaiser, die Mailänder Herzogstochter Maria Bianca Sforza. Die Trauung fand in Abwesenheit des Bräutigams statt: Der viel beschäftigte Herrscher und Kriegsherr hatte einen Stellvertreter entsandt, der sein nacktes Bein in das Bett der Braut streckte – damit galt die Ehe symbolisch als vollzogen. Bis Maria Bianca ihren Gemahl tatsächlich zu Gesicht bekam, sollte es noch einige Monate dauern.

Damit sind wir bei dem Kaiser, dessen Spuren wir in Innsbruck auf Schritt und Tritt begegnen. Maximilian I., durch dessen Heiratspolitik das Habsburgerreich seine größte Ausdehnung erreichen sollte, machte die Stadt zum Mittelpunkt seiner Verwaltung und damit gleichzeitig zu einem Zentrum von Kunst und Kultur. Trotz dieser weltgeschichtlichen Bedeutung wirkt der alte Kern von Innsbruck – einer der besterhaltenen mittelalterlichen Stadtkerne Österreichs – auf uns keineswegs „weltstädtisch". Er wirkt eher auf eine gemütliche Weise eng. Auch das hat historische Gründe: Die Altstadt entstand ursprünglich auf einem sehr begrenzten Fleckchen Erde, das man per Tausch von dem benachbarten Kloster Wilten erhalten hatte; so war man gezwungen, eng zusammen und in die Höhe zu bauen.

Daher liegen die Hauptsehenswürdigkeiten des alten Innsbruck auch angenehm nah beieinander. Gleich neben dem Goldenen Dachl – dort befindet sich übrigens auch ein Museum, in dem die Zeit Kaiser Maximilians wieder lebendig wird – steht das Helblinghaus mit seiner reichen Stuckfassade. Und wenn man schon auf den Spuren von Maximilian I. unterwegs ist, sollte man auch der Hofkirche einen Besuch abstatten. In ihr findet man das monumentale Grabmal des Herrschers, das er schon zu Lebzeiten für sich selbst plante und in Auftrag gab. Das Grab ist zwar leer – Maximilian entschied auf dem Sterbebett, er wolle in Wiener Neustadt begraben werden –, aber die Szenerie ist dadurch nicht weniger eindrucksvoll: 28 übermannshohe Figuren umstehen den Sarg des Herrschers – Vorfahren, Verwandte und Geistesverwandte. Für die Einheimischen sind sie – ungeachtet ihrer Würde und der Tatsache, dass auch Frauen unter ihnen sind – einfach die „schwarzen Mander".

Aber die Hofkirche erinnert nicht nur an gekrönte Häupter: Hier sind die Tiroler Freiheitskämpfer Andreas Hofer, Josef Speckbacher und Joachim Haspinger begraben. Auch ein Blick zum Deckengewölbe rentiert sich: Es ist ein schönes Beispiel, wie man ein gotisches Kreuzrippengewölbe barockisieren kann, ohne seinen Charakter

---

Innsbruck Tourismus, Tel. 0512/59850, www.innsbruck-tourismus.com; www.innsbruck.at
Goldenes Dachl: Zugang über die Herzog-Friedrich-Straße. Museum geöffnet Di bis So 10–17 h, Mai bis Sept. auch montags; im November geschlossen!
Hofkirche: geöffnet Mo bis Sa 9–17 h, So u. an Feiertagen 12.30–17 h; zugänglich mit dem Kombiticket der Tiroler Landesmuseen

zu zerstören. Ein Muss für den Innsbruck-Besucher ist dann der Dom zum heiligen Jakob mit seiner barocken Innenausstattung und einem Gnadenbild „Maria hilf", das von Lukas Cranach d. Ä. stammt. Wer mehr über Geschichte und Kultur Tirols erfahren will und auch etwas Zeit mitbringt, der sollte das Tiroler Landesmuseum Ferdinandeum besuchen.

Aber natürlich eignet sich Innsbruck nicht nur für „Kulturprogramm". Es ist auch schön, sich einfach durch die Straßen treiben zu lassen und die sich immer wieder bietenden Durchblicke auf die eindrucksvollen Berge der Nordkette zu genießen (das berühmteste Postkartenmotiv findet man etwas außerhalb des alten Stadtkerns, in der Maria-Theresien-Straße bei der St. Annasäule). Und vor allem ist Innsbruck auch eine Einkaufsstadt. Dabei profitiert man von einer architektonischen Besonderheit: Die Laubengänge in einigen Straßenzügen sind wie geschaffen zum Shopping bei unsicherem Wetter. *Ed*

Das Goldene Dachl erinnert an die Hochzeit zwischen Kaiser Maximilian I. und Maria Bianca Sforza.

52 TIROL

Wo die „Adler" fliegen

Skisprungschanze Bergisel

Das Innsbruckpanorama ist weltweit bekannt: Immerhin folgten die Fernsehkameras schon bei zwei Olympischen Winterspielen (1964 und 1976) den Skispringern, die hier direkt auf die

Das Gelände der Skisprunganlage grenzt direkt an das Innsbrucker Stadtgebiet.

Stadt „zufliegen". Vom mittelalterlichen Stadtzentrum Innsbrucks ist es bloß ein längerer Spaziergang hierher. Schon 1925 wurde auf dem Bergisel die erste Sprungschanze errichtet, und seit über fünfzig Jahren macht die „Vierschanzentournee" jeweils am 4. Jänner auch in Innsbruck Halt: Sie ist eine der wichtigsten internationalen Sportveranstaltungen für Skispringer.

Aber man muss gar nicht im Winter kommen, um junge Leute bei ihrem verwegenen sportlichen Tun zu beobachten (der Schanzenrekord, aufgestellt im Jahr 2004 von Adam Malysz, liegt derzeit bei 136 Metern). Auch im Sommer wird hier gesprungen, denn die FIS-Wettbewerbsanlage ist zugleich Sommertrainingszentrum: Die Springer, in Österreich auch stolz „Adler" genannt, nehmen auf einer speziellen Keramikspur Anlauf (97 Meter), die Aufsprungbahn ist mit gedämpften Fasermatten ausgelegt.

Seit 2002, als die neue, architektonisch einzigartige Schanze errichtet wurde, ist der Bergisel auch für Touristen von besonderem Interesse. 255 Stufen oder ein paar Sekunden mit dem Lift trennen den Turmeingang des spektakulären Bauwerks vom 47 Meter höher gelegenen 360-Grad-Rundumblick auf die imposante Bergkulisse mit Patscherkofel, Nordkette, Hoher Munde und Serles. Die atemberaubende Aussicht genießt man sowohl vom Panoramacafé als auch von der Dachterrasse darüber. In der Arena unter der Schanze finden 28 000 Zuschauer Platz.

Die in Bagdad geborene Architektin Zaha Hadid hat sich das feingliedrige Schanzenkunstwerk ausgedacht: Mit der Anlaufspur als Brückenbau, dem Turm als Hochbau und dem Turmkopf als Stahlbau sind in der Bergiselschanze

Die Bergisel-Sprungschanze ist November bis Mai von 10–17, Juni bis Oktober von 9–18 h geöffnet (letzter Einlass: jeweils eine halbe Stunde vor Schließung)
Info: Tel. 0512 / 58 92 59, www.bergisel.info
Anfahrt: Zu Fuß sind es von der Innenstadt weg etwa 45 Minuten. Mit der Straßenbahn Nr. 1 kann man zum Kloster Wilten fahren (von dort zehn Minuten bergauf). Oder man wählt den komfortablen „Sightseer", jenen Touristenbus, der die Sehenswürdigkeiten auf den Innsbrucker Stadtbergen – Bergisel-Sprungschanze, Schloss Ambras und Hungerburg-Talstation (zum Alpenzoo) – im Stundentakt (im Sommer sogar halbstündlich) verbindet

Der Entwurf für die Bergisel-Schanze stammt von der Architektin Zaha Hadid.

alle Sparten der Baukunst vereint – eine Skulptur als Sportgerät. Wo findet man das sonst?
Am Bergisel gibt es noch das Kaiserjägermuseum. Andreas Hofer, die Schlacht hier gegen die Franzosen – da pocht bekanntlich das Tiroler Herz. Das Sprungschanzenticket gilt auch im Kaiserjägermuseum.
Am Fuß des Bergisel ist ein längeres Verweilen für Kulturinteressierte angesagt: Das Stift Wilten und die Wiltener Basilika sind Spitzenwerke der Barockkunst in Tirol. *Krie*

53 TIROL
Gipfelstürmer, Skihaserl und eine Gletschermumie
Das Ötztal

Romantisches Ötztal im Frühsommer mit blühendem Almrausch

Wer heute den Namen Ötztal hört, dem kommt in erster Linie „Ötzi" in den Sinn, jene inzwischen weltberühmte Mumie aus dem Eis, die 1991 zufällig von Bergwanderern entdeckt wurde und der man ein Alter von etwa 5300 Jahren zuschreibt. Die zurückweichenden Gletscher hatten die Entdeckung möglich gemacht.
Der sensationelle Fund wurde zum Werbegag schlechthin im touristisch ohnehin nicht gerade unterentwickelten Ötztal. Das hatte ursprünglich ganz anders ausgesehen, denn das mit 55 Kilometern längste Seitental Österreichs, im unteren Teil breit und fruchtbar, nach oben hin steil und schluchtenreich, war bis weit ins 19. Jahrhundert eher ein Armenhaus. Bis der clevere Pfarrer von Vent auf die Idee kam, dem Elend der Bergbauern abzuhelfen, indem er sie zu Bergführern ausbildete und die Grundlagen für Unterkunft und Verpflegung der zu erwartenden Touristen schuf. Damit diese Entwicklung auch ja ins Rollen kam, engagierte sich der rührige geistliche Herr vorsichtshalber bei der Gründung des Österreichischen und des Deutschen Alpenvereins.
Die Rechnung ging auf. Die Orte im unteren Ötztal finden heute ihre Gäste im Sommer bevorzugt bei Wanderern und Spaziergängern und bei Langläufern im Winter. Weiter oben geht's sportlicher zu.
Ötz am Eingang des Tales präsentiert sich zudem mit einem städtisch anmutenden Ortskern, der kunsthistorisch beachtenswerte Portale, Giebel und Erker aus den verschiedenen Jahrhunderten seit dem Mittelalter aufweist.
In Längenfeld fallen uralte landestypische Bauernhäuser ins Auge, und in einem Freilichtmuseum wird das Leben der alten Ötztaler liebevoll dokumentiert, während sich Sölden, das in einer Talmulde auf 1368 Metern liegt, im Laufe der Jahrzehnte zu einer der angesagtesten Skiregionen gemausert hat, erlauben doch der nahe gelegene Rettenbach- und Tiefenbachferner ganzjährigen Skibetrieb. In der weitläufigen, andere Orte einbeziehenden Arena gibt es nicht nur für jeden Geschmack etwas, was die sportliche Betätigung angeht, sondern viele gemütliche Hütten verführen zum Einkehrschwung.

Ötztal Tourismus, A-6450 Sölden, Tel.: 057200, www.oetztal.com (hier auch Infos über Betriebszeiten der Ötztaler Bergbahnen), www.obergurgl.com

Über den Wolken: ein stimmungsvoller Moment in den Dreitausendern des Ötztales

Und nach unbegrenztem Skivergnügen am Tag lockt abends Après-Ski bis zum Abwinken! Hier kommt dann DJ Ötzi zum Zug!

In Vent (1896 Meter) dagegen, das sich seit den Zeiten des seligen Pfarrers Franz Senn als Ausgangsort für Bergsteiger und Tourengeher einen Namen gemacht hat, ist nach wie vor weit weniger Trubel angesagt, doch in Obergurgl, mit 1907 Metern das höchste Pfarrdorf Österreichs, geht es erneut erheblich lebhafter zu, wenngleich ein wenig steiler auf den Pisten als in Sölden und ein wenig exklusiver in den Hotels.

Das gilt vor allem für die noble Hotelsiedlung Hochgurgl, von wo man allerdings einen atemberaubenden Ausblick auf die Dreitausender der Ötztaler Alpen genießen kann. Hier führt auch die nur wenige Monate im Jahr befahrene Straße über das Timmelsjoch hinüber nach Südtirol vorbei.

Verbindungen zwischen den beiden Siedlungsräumen muss es schon sehr früh gegeben haben, wie der Fund des mumifizierten Mannes aus der Jungsteinzeit zeigt, denn sein Fundort am Hauslabjoch liegt im heutigen Grenzgebiet.

Und so war es nahezu zwangsläufig, dass nicht nur ein wissenschaftlicher Streit entbrannte, woran Ötzi gestorben und ob er nun ein Jäger oder ein Krieger gewesen war, sondern es bestand auch ein politisch-kultureller Bruderzwist, denn sowohl Österreich als auch Italien beanspruchten die Gletschermumie für sich. Nach längeren Querelen und Grenzvermessungen musste Ötzi von Innsbruck nach Bozen übersiedeln, wo er im Südtiroler Landesmuseum seine hoffentlich letzte Ruhestätte gefunden hat. *Ni*

54 Schiff ahoi mit höchstem Segen

TIROL

Der Achensee

Sollte man hier vielleicht von „christlicher Seefahrt" sprechen? Jedenfalls trug das Schiff nicht nur den Namen eines der wichtigsten christlichen Heiligen, sondern es gehörte auch einem Kloster: Als im Jahr 1887 mit der „St. Josef" zum ersten Mal ein Ausflugsschiff zur Fahrt auf dem Achensee ablegte, geschah das unter der Ägide der Benediktiner aus Fiecht. Das war das Ergebnis einer Schenkung, die sich fast 750 Jahre früher abgespielt hatte: Damals überschrieben die adeligen Herren von Schlitters das Achental samt dem See und allem, was dazugehörte, dem Kloster Georgenberg. Und an den Besitzverhältnissen hatte sich seitdem nicht so viel geändert – nur dass die Mönche vom Georgenberg nach Fiecht umgezogen waren.

Dass die klösterliche Seeschifffahrt bald ein großer Erfolg wurde, verwundert nicht: Ist doch der Achensee, der sich mit seinem glasklaren Wasser malerisch zwischen die eindrucksvollen Berge des Karwendels und des Rofan schiebt, nicht nur der größte, sondern wohl auch der schönste See von Tirol. Und um in diesen Frühzeiten des Tourismus die Gäste an Ort und Stelle zu bringen, wurde ein Zubringersystem nötig. Schon ein Jahr später erteilte die kaiserliche Regierung die Konzession zum Bau einer Zahnradbahn vom Inntal an den See, und 1889 schnauften die ersten Dampflokomotiven von Jenbach an den Seespitz.

Seitdem hat man die touristische Infrastruktur am Achensee großzügig ausgebaut: Zahlreiche Hotels und Gasthöfe sind entstanden, in Achenkirch etwas nördlich des Sees gibt es ein Skigebiet. Seilbahnen bringen den Bergfreund von Pertisau beziehungsweise Maurach hinauf ins Karwendel und ins Rofan. Allerdings hat man darauf verzichtet, sie bis in die Höhen der steilen Zweitausender zu führen. Wer Gipfelerlebnisse sucht, der muss noch „Eigenleistung" erbringen. Wie viel das sein soll und wie schwierig es werden darf, das kann er selbst entscheiden. Gerade im Rofan hat man auf recht engem Raum die Wahl zwischen ganz unschwierigen Wanderungen auf den Grashängen der Südseite und echter Kletterei in den Nordwänden. Auf den, der die senkrechten Wände sucht, warten hier mit der „Himmelsleiter", der „Schokoladetafel" oder dem „Verbohrten Typen" zum Teil anspruchsvolle Routen.

Natürlich lädt auch der See ein – zum Bade nur die Eisernen, denn die Wassertemperaturen steigen auch im Sommer kaum einmal über 18 Grad. Dafür gibt's reichlich Möglichkeit zum Surfen, Segeln und Kiten. Was allerdings tabu ist, sind Motorboote – aus Naturschutzgründen dürfen nur die inzwischen nicht mehr klösterlichen Ausflugsschiffe mit Kraftstoffantrieb fahren.

Tourismusverband Achensee, Rathaus 387, 6215 Achensee, Tel. 05246/53 00, www.achensee.info
Achenseebahn AG, Bahnhofplatz 1–3, 6200 Jenbach, Tel. 05244/62 243, www.achenseebahn.at
Achenseeschiffahrt-GesmbH, 6213 Pertisau, Tel. 05243/52 53-0, www.tirol-schiffahrt.at
Rofanseilbahn, 6212 Maurach am Achensee, Tel. 05243/5292, www.rofanseilbahn.at
Karwendel Bergbahn, Achensee Berglift GmbH, 6213 Pertisau 12, Tel. 05243/53 26, www.karwendel-bergbahn.at

Wobei der Achensee, genau genommen, auch nicht mehr ganz so naturbelassen ist. Entwässerte er ursprünglich über die Seeache nach Norden zur Isar, hat man 1927 den Bayern buchstäblich das Wasser abgegraben. Damals entstand das Achenseekraftwerk im Inntal, dessen Turbinen über eine Rohrleitung mit Wasser aus dem See beaufschlagt werden. Führte das früher zum Teil zu einschneidenden Wasserstandsschwankungen, ist inzwischen ein tragbarer Kompromiss zwischen Stromerzeugung auf der einen und Tourismus- beziehungsweise Naturschutzbelangen auf der anderen Seite gefunden worden: Der Wasserspiegel wird im Winter um maximal sechs Meter abgesenkt, zum Beginn der Saison hat der See jeweils wieder normalen Wasserstand.

Insgesamt hat der Besucher den Eindruck, dass man am Achensee trotz aller touristischen und energiewirtschaftlichen Erschließung doch auf eine sympathische Weise konservativ geblieben ist. So ist die Zufahrt zum Achensee aus dem Inntal immer noch mit dampflokbespannten Zahnradzügen und offenen Sommerwägen möglich. Und sogar die gute alte „St. Josef" existiert noch – wenn auch ihr Innenleben bei einem Umbau im Jahr 1951 stark verändert worden ist: Anstatt einer Dampfmaschine sorgt jetzt ein Diesel für den Antrieb. *Ed*

Der Achensee hat zu jeder Zeit seinen Reiz – zum Beispiel auch, wenn der Spaziergänger im Herbst durch das Laub rascheln kann…

55 VORARLBERG

Die ganze Stadt eine Bühne

Bregenz am Bodensee

Die Seebühnenkulisse zu Puccinis „Tosca" – mit dem Auge – erlangte Berühmtheit.

„Die Schöne am Bodensee" wird die Vorarlberger Landeshauptstadt auch genannt. Ein Gesamtkunstwerk sei sie, heißt es anderswo schwärmerisch. Und das nicht zuletzt deshalb, weil die Stadt das Glück hatte, nie in ihrer langen Geschichte zerstört zu werden. So blieben Baudenkmäler aus allen Jahrhunderten erhalten, die den ursprünglichen Stadtkern zu einem Museum eigener Art machen.

Das in Terrassen zum See abfallende Gelände am Fuß des Pfänders scheint schon dem Keltenstamm der Brigantier gefallen zu haben, denn sie errichteten hier eine befestigte Siedlung. Die günstige Verteidigungslage zwischen Bergen und See reizte später offensichtlich auch die Römer, die an gleicher Stelle im Jahr 15 vor Christus Brigantium gründeten, das alles aufwies, was eine römische Stadt so an Komfort und Infrastruktur brauchte. Sogar einen Kriegshafen samt Flotte gab es sowie Straßenverbindungen nach Augsburg und Kempten, die damals natürlich noch anders hießen.

Nach wirren Zeiten, die auf den Zusammenbruch des Römischen Reiches folgten, etablierten sich im frühen Mittelalter regionale Adelsgeschlechter in der kleinen Stadt, erst die Grafen von Bregenz, dann die mächtigen Montforts, die aus chronischem Geldmangel die Grafschaft 1523 an die Habsburger verkauften, sodass Stadt und Region fortan zu Österreich gehörten.

Heutzutage ist Bregenz vor allem berühmt durch seine Festspiele, die alljährlich im Sommer stattfinden, und zwar auf einer riesigen, auf zweihundert Pfählen ruhenden Seebühne. Die bescheidenen Anfänge von 1946 sind längst vergessen – damals hatten zwei Kieskähne als Unterlage gedient. Inzwischen sind die Opern-, Operetten- und Musicalinszenierungen ein weltweit bekanntes Spektakel und für die Zuschauer aus aller Herren Länder ein unvergessliches Ereignis – vor allem wenn das Wetter mitspielt.

Zu der modernen Kulisse der Seebühne in der Unterstadt passt das berühmte Kunsthaus des renommierten Schweizer Architekten Peter Zumthor, ein milchgrüner Kubus, der das wechselnde Licht von Himmel und See reflektiert und als Paradebeispiel moderner Architektur gilt. Doch es gibt noch ein anderes Bregenz, eine andere Kulisse, die den nostalgischen Charme vergangener Zeiten beschwört. Das ist die romantische Oberstadt mit dem historischen Altstadtkern innerhalb der teilweise erhaltenen Stadtmauern. Sehr klein, sehr überschaubar mit nur drei Gassen und zwei Plätzen, doch mit einer Vielzahl bemerkenswerter Bauten überwiegend aus dem 13. bis 16. Jahrhundert. Da ist der Martinsturm, ein ehemaliger Getreidespeicher und einst Teil der Stadtbefestigung, der um 1600 errichtet wurde. Mit

Bregenz Tourismus, Rathausstr. 35a, 6900 Bregenz, Tel. 05574/49 590, www.bregenz.at, www.bregenzerfestspiele.com, www.kunsthaus-bregenz.at

Die Stadt liegt dem Betrachter zu Füßen: Bregenz vom Pfänder aus gesehen

seiner mit Holzschindeln gedeckten Zwiebelhaube gilt er als Wahrzeichen der Stadt, und macht man sich die Mühe, die vielen Stufen hinaufzuklettern, hat man einen wunderbaren Ausblick. Gleich nebenan liegt der Ehregutaplatz, mit dessen Namen es eine besondere Bewandtnis hat. Während einer Belagerung der Stadt 1407 durch die benachbarten Appenzeller soll eine Bettlerin namens Guta die Pläne der feindlichen Truppen belauscht und verraten haben. Sie kam zu ungeahnten Ehren, denn bis in die zwanziger Jahre des vergangenen Jahrhunderts rief der Stadtwächter allabendlich vom Martinsturm die Worte „Ehret die Guta". Zu den Sehenswürdigkeiten der Altstadt gehören ferner das Alte Rathaus mit seinem hohen Steilgiebel, das Gesellenspital sowie das untere wappengeschmückte Stadttor, ferner die Pfarrkirche St. Gallus, das bedeutendste Gotteshaus der Stadt, das allerdings außerhalb der Mauern liegt.

Doch Bregenz steht nicht nur für Kultur vom Feinsten, sondern auch für eine atemberaubende landschaftliche Kulisse am Ufer des Sees. 1842 legte man bereits die erste Uferpromenade an, der bald ausgedehnte Parkanlagen und ein Hafen für Ausflugsschiffe folgten. Im Laufe der Zeit kamen unter anderem ein Musikpavillon und sogar ein Spielkasino hinzu. Ein anderes Highlight der Stadt sind die Berge – im Hinterland der abwechslungsreiche Bregenzer Wald und direkt vor der Haustür der Pfänder, auf den man per Seilbahn hinaufschwebt. Von seinem Gipfel hat man einen überwältigenden Blick über den ganzen Bodensee, dazu auf über zweihundert Alpengipfel. Nicht ganz so hoch, aber beeindruckend schroff ist die Felsnase des Gebhardsbergs, auf dem einst die Burg Hohenbregenz stand. Im Dreißigjährigen Krieg zerstört, befindet sich in den Mauerresten heute eine Wallfahrtsstätte, dem heiligen Gebhard geweiht, einem Spross aus dem Geschlecht der Grafen von Bregenz, die ohne diesen berühmt gewordenen Sohn vielleicht ganz dem Vergessen anheim gefallen wären. *Ni*

56 VORARLBERG

Der Stein Fridolins und andere Wunder

Wallfahrtskirche Mariä Heimsuchung, Rankweil

Die Wallfahrtskirche „Unserer lieben Frau Mariä Heimsuchung" auf dem fünfzig Meter hohen Liebfrauenberg im oberen Rheintal in Vorarlberg bietet bereits von außen einen atemberaubenden Anblick. Hoch auf dem Felsen thronend, überragt der prächtige Sakralbau die gesamte Umgebung und erweckt dadurch eher den Eindruck einer Festungsanlage als den eines Gotteshauses. In der Tat handelt es sich bei der Basilika um eine Wehrkirche. Sie kann auf eine mehr als eintausendjährige Geschichte zurückblicken. Bereits um 750 nach Christus wurde von den Churer Bischöfen auf dem Liebfrauenberg ein erstes Gotteshaus errichtet. Schon in diesen frühen Jahren war Rankweil ein beliebter Wallfahrtsort. Es waren vor allem Kreuzeswallfahrten, die die Gläubigen hierher unternahmen, um für gutes Wetter und vor allem um Schutz vor Hochwasser zu bitten. Ab dem 13. Jahrhundert jedoch nahm die Marienverehrung im Bewusstsein der Gläubigen einen größeren Raum ein, und mit dem Volksglauben wandelten sich auch die Gründe für eine Wallfahrt nach Rankweil: Heilung von Krankheiten und Schutz der Familie waren von nun an die häufigsten Anliegen, in denen um die Fürsprache der Muttergottes gebetet wurde.

Verehrt werden in Rankweil drei wundertätige Reliquien. Die älteste, das sogenannte Silberne Kreuz, wurde der Legende nach eines Tages von einem Bach angespült. Die Ortsansässigen legten das Kreuz, laut Volksmund auf Befehl des Apostels Petrus, auf einen Ochsenkarren, um ihm an geeigneter Stelle eine Kapelle zu errichten. Vor dem Rankweiler Liebfrauenberg machte das Gespann schließlich Halt, doch wollte man die Kapelle lieber an einer leichter zugänglichen Stelle errichten. Beim Bau verschwanden daraufhin immer wieder Materialien von der Baustelle, wiedergefunden wurden sie stets auf dem Gipfel des Liebfrauenberges. Es blieb den Handwerkern schließlich nichts anderes übrig, als die Kapelle auf dem Frauenberg zu errichten. So erzählt es die Legende. Historisch korrekter ist vermutlich eine Version, nach der das Kreuz im Jahr 1233 durch Walter von Reutlingen nach Rankweil gelangte. Das ursprüngliche wundertätige Kreuz ist aus Holz gefertigt, inzwischen befindet es sich jedoch in der prächtig verzierten silbernen Hülle, die man in der Wallfahrtsbasilika bewundern kann. Heute wird es zudem von einem Strahlenkranz umgeben. Wundersame Kräfte werden in Rankweil auch dem Stein des heiligen Fridolin zugeschrieben. Dem irischen Mönch und Missionar, der im 6. Jahrhundert wirkte, ist unterhalb der Basilika eine Kapelle errichtet worden, in der sich auch der sagenumwobene Stein befindet. Angeblich, so berichtet die Legende, habe der heilige

---

Wallfahrtsamt Rankweil, Liebfrauenweg 10, 6830 Rankweil, Tel. 05522/44224, www.basilika-rankweil.at
Täglich Heilige Messen, Führungen und Wallfahrten nach Vereinbarung
Feste Wallfahrten am 1. Mai (Landeswallfahrtstag) und am 2. So im September (Wallfahrtstag zum Silbernen Kreuz)
Anfahrt: mit dem Auto von Innsbruck kommend A12 und A14 und von Lindau/Bodensee kommend A14, Ausfahrt 35 Rankweil
Zugverbindung: 1.) Innsbruck Hbf. → Feldkirch → Rankweil; 2.) Lindau/Bodensee Hbf. → Bregenz → Rankweil

Fridolin einen Mann namens Urso von den Toten auferweckt. Dieser hatte dem Mönch ein beträchtliches Stück Land geschenkt. Als er verstarb, forderte sein Bruder Landolf die Ländereien von Fridolin zurück. Die Streitigkeit wurde vor dem Gaugericht Rankweil verhandelt, wo der Mönch in seiner Verzweiflung auf die Knie fiel und so inbrünstig betete, dass seine Arme und Beine auf dem Steinboden tiefe Abdrücke hinterließen. Während seines Gebetes soll er eine Stimme vernommen haben, die ihm befahl, zum Grab des verblichenen Urso zu eilen und diesen vor die Richter zu bringen, damit er die Schenkung bestätige. Fridolin tat, wie ihm geheißen. Als Landolf seinen auferweckten Bruder sah, soll er sich so geschämt haben, dass er Fridolin nicht nur das geschenkte Land zurückgab, sondern ihm auch seine eigenen Ländereien überließ, damit Fridolin ein Kloster darauf errichten konnte. Der wundertätige Stein zieht noch heute Pilger nach Rankweil. Legt man sich darauf, so soll dies gegen Rheuma und andere Arten von Gelenkschmerzen helfen. Ziel der Pilger ist nicht zuletzt natürlich das Gnadenbild von Rankweil, eine Marienskulptur aus Lindenholz, die etwa um 1480 entstanden sein dürfte. Sie stellt Maria auf einer Mondsichel stehend dar, auf dem linken Arm trägt sie das Christuskind. Jesus wiederum hat den rechten Arm um die Gottesmutter geschlungen, in der linken Hand hält er eine goldene Walnuss. Diese Frucht ist dem heiligen Augustinus zufolge ein Symbol für das Leiden Christi auf Erden und steht außerdem für seine göttliche Natur. Das Gnadenbild befindet sich heute in der der Kirche angegliederten Loretokapelle des Barockbaumeisters Michael Beer. Rankweil, das auch heute noch ein beliebter Wallfahrtsort ist, dessen touristische Wiederbelebung allen Wallfahrtsorten Impulse gegeben hat. *Brö*

Der Stein des heiligen Fridolin und das Silberne Kreuz ziehen heute wie eh und je zahlreiche Pilger – und auch so manche Neugierigen – nach Rankweil.

BILDNACHWEIS

Stefan Andronache/Fotolia.com: S. 12
© Bestzeller: S. 105
abal/Fotolia.com: S. 79
Augenblicke/Fotolia.com: S. 39
Benediktinerstift Admont: S. 68
Bergisel Betriebsgesellschaft mbH, Innsbruck: S. 116, 117
Bestzeller: S. 105
Burg Hochosterwitz, Launsdorf: S. 80
Burg Landskron, Landskron: S. 81
Pablo Debat/Fotolia.com: S. 107
Diözesanes Pilgerbüro der Diözese Gurk-Klagenfurt: S. 73
Donau Niederösterreich Tourismus GmbH/Steve Haider: S. 43
Oksana Duschek/Fotolia.com: S. 37
Erlebnisburg Hohenwerfen Verwaltung, Werfen: S. 94, 95
Ernst-P./Fotolia.com: S. 57, 59
Ferdl/Fotolia.com: S. 31
Ferienregion Traunsee: S. 16, 17
Martin Filzwieser/Fotolia.com: S. 48
Fotodesign/Fotolia.com: S. 58
Gasteinertal Tourismus GmbH: S. 96, 97
GHotz/Fotolia.com: S. 123
Gipfelhaus Magdalensberg: S. 74, 75
Graz Tourismus/Hans Wiesenhofer: S. 61
Großglockner Hochalpenstraße AG, Salzburg: S. 101, 102
Habse/Fotolia.com: S. 89, 127
Martin Horinek/Fotolia.com: S. 15
Ingrid Ionian: S. 125
Vaclav Janousek/Fotolia.com: S. 25
Kitzbühel Tourismus: S. 110, 111
alfred koch/Fotolia.com: S. 28
Barbara Krobath, Wien: S. 50
Kulturamt Spittal: S. 84, 85
mankale/Fotolia.com: S. 9
Millstätter See Tourismus GmbH/Steve Haider: S. 82, 83
Nationalpark Gesäuse GmbH/Andreas Hollinger: S. 71
Nationalpark Gesäuse GmbH / Ernst Kren: S. 70
NPHT: S. 99
NPHT/Dobre Florentina: S. 4
NPHT/Rieder: S. 98
© NTG: S. 55
OÖ.Tourismus/Bohnacker: S. 4, 13
© Österreich Werbung/Gruenert: S. 41
Ötztal Tourismus: S. 118, 119
PcJo/Fotolia.com: S. 24
Rene Pescht/Fotolia.com: S. 122
Pfarre Maria Saal: S. 77
Markus Plank/Fotolia.com: S. 109
red WORX::Creative Media/Fotolia.com: S. 29
Salinen Tourismus, Bad Ischl: S. 21
scarlet61/Fotolia.com: S. 38
Roland Schick, Innsbruck: S. 51
Schloss Esterházy Management GmbH, Eisenstadt: S. 52, 53
Schlossverwaltung Hellbrunn/Foto Sulzer, Salzburg: S. 92, 93
Michi Jo Standl/Fotolia.com: S. 45
© Stift Admont: S. 69
© Stift Heiligenkreuz/Klösterreich: S. 35
© Stift Kosterneuburg/Klösterreich: S. 33
© Stift St. Florian: S. 11
© Stift Zwettl: S. 26, 27
Razvan Stroie/Fotolia.com: S. 91
swq/Fotolia.com: S. 87
Tourismusverband Ausseerland-Salzkammergut: S. 66
Tourismusverband Ausseerland-Salzkammergut/Rastl: S. 67
Tourismusverband Erste Ferienregion im Zillertal: S. 112, 113
Tourismusverband Lippizanerheimat: S. 62, 63
Tourismusverein Riegersburg: S. 65
TVB Bad Ischl: S. 19
TVB Innsbruck, 2004: S. 115
Karin Wabro/Fotolia.com: S. 8
Waldteufel/Fotolia.com: S. 44
Oliver Weber/Fotolia.com: S. 4, 47
Stefan Weitemeyer/fotolia.com: S. 78
Ernst Wrba, Sulzbach: S. 103
WTG: S. 23
WTG, Fotograf: Hannes Peinsteiner: S. 22
WTG, Fotograf: Schlechta: S. 2
www.achensee.info: S. 120, 121

Die Bilder auf der Buchvorderseite zeigen (von oben nach unten)
den Wilden Kaiser, Salzburg, Stift Melk und Schloss Schönbrunn.
Das Foto auf der Buchrückseite zeigt Heiligenblut am Großglockner.
Foto auf Seite 2: Blick über den Wolfgangsee

Autoren der Einzelbeiträge
Die Kürzel am Ende der Beiträge bedeuten:
Brö = Stefanie Brösigke
DBG = Dagmar Becker-Göthel
Ed = Bernhard M. Edlmann
Krie = Reinhard Kriechbaum
Ni = Ulrike Nikel

Besuchen Sie uns im Internet:
www.rosenheimer.com

2., durchgesehene Auflage
© 2013 Rosenheimer Verlagshaus GmbH & Co. KG, Rosenheim

Titelfotos (von oben nach unten): Bernd Römmelt, München; Österreich Werbung/Weinhäupl;
© Bertl123 – istockphoto.com; Österreich Werbung/Wiesenhofer
Foto auf der Buchrückseite: Österreich Werbung/Weinhäupl

Layout und Satz: Bernhard Edlmann Verlagsdienstleistungen, Raubling
Bildreproduktion: Stragenegg Scan, Kolbermoor
Druck und Bindung: Graspo, Zlin
Printed in Czech Republic

ISBN 978-3-475-54224-4